すぐに使える！

はじめて上司の対応ツール

特定社会保険労務士
山田真由子

税務経理協会

はじめに

　はじめて部下を持ったあなたは，期待と不安でいっぱいのことでしょう。部下のマネジメントをするうえで，どうしたらよいのか迷っているのではないでしょうか。

　多くの中小企業では，マネジメントについて教えている時間がなくＯＪＴを実施しているため，マネジメントの知識をほとんど持っていない人が多いのが現状です。適切なマネジメントの意味を適切に理解せずに，だれにも頼らずに自分１人で業務を一所懸命に行うことがリーダーであると勘違いしている人も多くいます。

　本来のマネジメントの意味は，「スタッフを通じて業績や労働生産性を上げること。」です。なかには，１人で業務を抱え込んでしまって誰にも相談することができずに，メンタル不調になるリーダーもいます。自らが職場のハブとして活躍することを期待されているのにその役割を知らず，能力を発揮できずにいるリーダーとお話しするたびに，「なぜこんな状況になったのか。」と残念でなりません。

　近年は，働き方改革の推進，コロナ禍の影響など刻々と企業は変化しており，リーダーとして求められることも変わってきています。リーダーのなかには，「部下のプライベートのことまで知る必要はない。」という方もいますが，優秀な上司ほど部下との信頼関係を構築し，雑談を通じて部下の個人的なことを把握しています。出産・育児，介護，治療と仕事の両立を推進するなかで，「ここまでが家庭的なことで，ここからが仕事のこと。」と割り切るのではなく，部下の仕事や家庭の状況を把握し，組織としてのニーズなどを多角的に情報収集し，部下を個として尊重し対話を重ねることが大切です。

　本書は，はじめて部下を持つあなたが，迷っているときの参考にしていただけるように，事例をふんだんに盛り込んでいます。全体をじっくりと読み進めていただいてもよいですし，直面したケースに応じて章ごとに対処方法を読んでいただくこともできます。

第1章では，はじめて部下を持つときの心構え，第2章では，部下と上手く行かないときの思い違い，第3章では，ご自身のセルフケアや感情のコントロールなど，リーダーとしてのスキルを取り上げています。ご自身が部下との対応に役立ててもらえるようにわかりやすく書かせていただきました。

　第4章では，部下の健康，仕事，家族の状況などあらゆる側面を理解するための情報収集のポイントを示しております。それぞれの部下を思い浮かべながら，読み進めていただくとイメージしやすいでしょう。

　第5章では，法律や社内の就業規則，評価制度など組織に必要なルールを知り，部下に対してどのような支援ができるのかについて解説しています。また，テレワークやフリーアドレスでの対応などについても言及しています。

　これらの章をふまえて，第6章では，職場で起こりうる多くの事例を提示し，考え方のポイントやアドバイスを書かせていただきました。「自分ならどのように対応するだろうか。」と思いながら読み進めてもらうと，考える力が身につきます。時には，新しい着眼点を得ることもあるでしょう。

　さらに，第7章では，労働法規や制度について最低限必要な内容をコンパクトにまとめました。要点をおさえておくことで，総務・人事の部署につないだり，部下とのやり取りに役立ちますので，さっと目を通しておくとよいでしょう。第8章では，部下が個人で抱えている課題の相談にのるときに，本人，家族，子供の問題に分けて解説をいたしました。利用可能な支援や窓口などを取り上げていますので，必要に応じて支援の参考にしてください。

　私は，「リーダーが元気になれば，職場が元気になり，会社全体が活性化し発展する。」と信じております。本書を読んでいただき，多様化した職場のなかで個々の部下の尊重を認めマネジメントを行うときのヒントを得ていただく機会になり，お役に立つことができればうれしく思います。

2023年7月

山田　真由子

目　　　次

第3章　職場の人間関係を円滑にするために リーダーができること

第4章　部下の健康，仕事，家族の状況を理解するために 情報収集する

第5章　組織のニーズを知り，リーダーが部下にできる支援を考える

第6章　ケーススタディで学ぶ！
はじめて部下を持ったときのポイントと対応

【上司または部下が直面した状況への対応】

【上司を悩ます部下への対応】

第7章 総務・人事の部署につなぐために おさえておきたい労働法規や制度

第8章　部下からプライベートの相談を受けたときの対応

はじめて部下を持ったときの心構え

　この本では，はじめて部下を持ったときに，どのように対応したらよいのかについて解説しています。

　部下を持つと職場の人間関係を円滑にしたり，部下の状況を理解したり，組織のニーズを知り，部下にできる支援を考えたりと上司としての役割は多く，「自分にできるのだろうか。」と不安を感じていませんか。

　第 1 章では，上司としての**「心構え」**をみていきましょう。

1-1 自分の役割や権限を知る

　あなたがはじめて部下を持ったのは，いつですか。部下の方とは，円滑な関係を築けていますか。そんなあなたに私が経験した事例を取り上げ，**「心構え」**を探っていきます。

　同じ時期に2つの介護事業所のお仕事をさせていただいたとき，とても興味深い出来事がありました。それぞれの事業所ともデイサービスで，規模や利用者の定員などもほぼ同じであり，管理者がはじめて部下を持った時期もあまり変わりませんでした。

　A事業所は，定員15名のところ定員4〜5名の利用者で閑古鳥が鳴いていました。利用者数を増やそうと新しいサービスを行い，新規の職員を採用したときには利用者が10名ほどに増えたこともありましたが，すぐにその職員が辞めてしまいました。私が訪問するたびに職員が次々と変わっており，管理者であるBさんは，いつも「忙しい。忙しい。」と言って，介護報酬請求業務から朝夕の送迎，フロアー業務といった一般職員に任せればよい業務まで行っていました。「自宅には，寝るためだけに帰っている。」と話されていました。この事業所の職員数は4名で，利用者1人当たり1名で介助しており，ほぼマンツーマン状態です。

　一方，C事業所は，定員15名のところほぼ15名の利用者で活気がありました。事業所を訪問すると，職員1人1人が笑顔で挨拶しており，和やかな雰囲気が漂っていました。管理者であるDさんも，当初は管理者ではなかったのですが組織の体制が変わったことで，はじめて部下を持つことになったのです。

　Dさんは，職員のチームワークが大事だと感じて，職員の個性を尊重するにはどうしたらよいのかを常に考えていました。また，自分でできることに限界があることも知っていて，謙虚でありながらリーダーシップを発揮していました。そのような態度が職員にも伝わり，新任管理者のDさんを助けようという風土が生まれていたのです。この事業所の職員数は5名で，利用者1人当たり

3名で介助しています。

　どうして，このような違いが生じたのでしょうか。

　まずは，管理者の2人が，マネジャーの役割を理解していたかどうかです。マネジャーの役割は，スタッフを通じて業績や労働生産性を上げることです。管理者のBさんは，その意味をまったく理解していません。それゆえに，業績は，Dさんの事業所より悪くなっています。そのうえ，職員の定着率が低いため，さらに生産効率が悪くなっています。

　企業を訪問すると，Bさんのように部下を持ったとしても，自分の役割を変えることができない人が多いのが現実です。その理由には，3つあります。

　1つめの理由は，企業におけるプレイングマネジャーの割合は9割にも及んでおり，プレイヤーであることとマネジャーの役割の区別がつきにくいことです。2つめの理由は，マネジャーの役割を知らないままに登用されていることです。人手不足の企業では，幹部になるための登用試験や教育があるわけではありません。よって，マネジャーがどういう役割なのかを知る術を知らないのです。マネジャーの役割を知らないまま業務に携わっていることが多く，プレイヤーとして一番優れていることが，マネジャーの役割だと理解している人さえいるほどです。3つめの理由は，マネジャーの役割は何となく知ってはいるものの，プレイヤーとしての仕事が好きなので，スタッフを活用したり育成したりすることに目を背けてしまっている場合があります。

　このようなことでは，組織としての成長は見込めません。自分の役割をきちんと理解し，現場で実践することが大切です。

　次に，企業での役割や権限を知っているかどうかです。企業により役割や権限は異なります。だからこそ，はじめて部下を持ったときには，役割や権限を確認しましょう。部下と話し合いながら，職場の業務を洗い出して書き出します。そのうえで，業務の重要性を整理して，自分の役割や権限をはっきりと把握しましょう。

　ある障害者施設では，リーダーが自分の役割や権限を把握していなかった結果，10年選手のベテラン職員から「事務処理ばかりしているのはずるい。入浴

介助をして。送迎をして。」と，次々に業務を押し付けられてしまう状態が恒常化していました。果たして，重要な業務は何もできずに疲弊してしまい，かねてより上司から期待されていた記録の電子化業務に手を付けることができませんでした。このように自分の役割や権限を知っていないと，古参の職員からの意見に対してきちんと説明することができません。この状態が続くと組織の指揮命令系統が崩れてしまい，部下に指示することが難しくなります。

　自分の権限がわからない場合は，直属の上司に相談し，キャリアパス基準，評価項目などを確認してみましょう。はじめて部下を持ったときには，上司に相談するのが恥ずかしく，相談すると自分の評価が下がることを恐れて1人で抱え込んでしまっていることがあります。

　私が新任リーダーの研修をするときには，上司に何を望まれているのかを事前に聞いてきてもらっています。ある新任リーダーは，上司から「指導力，対人力，判断力，企画力，実行力のバランスが良いリーダーになってほしい。特に，部下育成に関する研修については任せたいと思っているので，スタッフと一緒に考えてほしい。」と言われたそうです。「この一言で自分がやるべきことに集中できた。」と話していたことがとても印象的でした。

1-2 「自分ファーストから組織のハブになる」と決める

　職場のメンバーは自分の仕事を達成することが役割ですが，新任リーダーになるとそれだけでは不十分です。新任リーダーは，業務を職場の個々のメンバーが分担し合えるように組織のハブになることが必要です。

　まずは，自分の仕事だけを考えるのではなく，職場のハブになる覚悟を決めましょう。決めるとは，しなくてもよいことを捨て，すべきことに集中することです。組織のハブになる覚悟がないリーダーは，部下から決断を求められても先延ばしにします。その結果として，本人が知らず知らずのうちにメンバー

に迷惑をかけ，業務が停滞してしまいます。

　ある企業では，新任リーダーのEさんには，2人の部下がいました。Eさんは，いつも2人の部下に意見を聞いてくるのですが，自分の決断に自信が持てずに業務判断をしてくれないのです。そのうちに，2人の部下のモチベーションは，低下してしまいました。

　リーダーのこうした気持ちの背景には，「こうやって決めてしまって，いいのだろうか。」という不安や「部下に指示したことで，嫌われたくない。」という気持ちがあるのはわかりますが，これがリーダーとしての役割なのです。部下との摩擦を怖がって逃げてばかりいると，自分で考えて決断することができなくなります。「もし，自分が間違った判断や失敗したとしても，やり直せばいいや。」くらいの気持ちの切り替えが必要です。周りの環境に振り回されるのではなく，目的地を明確にして臨機応変に振舞いましょう。

　また，部下を持った途端に，態度が豹変するリーダーがいます。リーダーとしての役割が変わっただけで，立場が偉くなったわけではありません。リーダーになる前までは笑顔で同僚に接していても，リーダーになった途端に「私はこんなスタッフのする業務はする必要はない。」と自分の好きな仕事は行い，苦手な仕事は他のスタッフに振るというケースがあります。このような場合，部下はリーダーの顔色ばかりをみて，労働生産性は上がりません。もちろん自分の好き勝手にすることがリーダーの仕事ではありませんので，自分ファーストではなく組織のハブになるように心掛けましょう。

1-3　自分の感情をコントロールする

　はじめて部下を持ったときに，自分の感情をコントロールすることは，とても必要なスキルです。もし，部下があなたに対して挨拶をしなければ，あなたはどのように感じますか。

○「部下は私の事なんか眼中にない。」という悲しい気持ち。
○「私が部下を怒らせたのだろうか。」という不安な気持ち。
○「挨拶しないなんて，社会人としての常識がない。」という怒りの気持ち。

　悲しい気持ちになる人は，部下に対して無関心になったり，自分を卑下したりしてしまいます。不安な気持ちになる人は，部下との摩擦を避けようとします。怒りの気持ちになる人は，部下を攻撃したりします。

　感情は自然と湧き出てくるものですから，「感じないようにしてください。」とは言いませんが，「こんな感情が湧き出ているんだなぁ。」と自分で認識して言語化してみるだけでも，感情をコントロールすることができます。

　なかでも特に問題になるのが，リーダーの怒りの感情です。これは，ハラスメント行為に至るケースがあるからです。挨拶の例でいえば，次のようなプロセスがあります。

第一段階：「挨拶しないなんて，社会人として常識がない。」と，注意や指導を行う段階。
第二段階：「挨拶さえできてないのに，よく仕事に来られるよな。」と，継続的に人間関係の違和感を持っている段階。
第三段階：厳しい態度や言い方になったり，完全無視したりしてもはや部下指導ではないハラスメント状態である段階。

　怒りは，部下に対する期待によって起こっていることが多いです。その証拠として，自分と関係のない他社の部下に怒りを感じたりしないのではないでしょうか。「この仕事ができるようになってほしい。」「目標を達成してほしい。」「成長してほしい。」などの部下に対する期待に裏切られた思いが，攻撃として表れるのです。怒りの蓄積により部下に対する行動が変わっていくことが多いので，怒りの感情をコントロールする方法を実践することが必要です。実践方法については，**第3章**で紹介します。

1-4 「多・長・根」の考え方で,「方便」を使える人になる

　部下を持っていない頃は,自分の仕事のことだけを考えていればよいのかもしれませんが,部下を持つと自分のことだけでなく物事の全体の動きを見て判断しなければならないことが多くなります。そこで,大切な考え方として**「多・長・根」の考え方**が有効です。

　「多」は,多面的・複眼的に物事を見ることです。部下にも長所と短所があります。どうしても部下に対して期待しすぎるあまり,部下の不足している部分や短所に目を向けてしまいます。しかしながら,部下育成の基本は,部下の長所を見るところから始まります。部下が優柔不断で決めきれないことがある反面,臨機応変な部分がある場合は,臨機応変であるというポジティブな部分に目を向けることが大切です。物事には表と裏があり,表裏一体です。だからこそ表面的な情報だけではなく,多方面からさまざまな分析をしましょう。

　「長」は,短期ではなく長期で見通すことです。目の前の利益やメリットだけではなくその先を考えることは,視野を広げるために有効です。何かを決めるときに,目の前のことだけを考えて判断するのではなく,もっと先の1年,3年,5年後を考えても妥当な決断なのかという視点を持つことです。

　「根」は,表面的なことではなく根本に注意を向けることです。本質を見抜くためには,木を見ずに森を見るといった俯瞰の視点が必須です。例えば,「部下の残業が増えている。」という事実に対して,なぜかと考えた理由が「人員が少ないからだ。」とします。この場合は,「なぜかと考えた理由」+「だから」+「事実」と考えます。つまり,人員が少ないから部下の残業が増えているのかどうかを考えます。他にも理由がないかを掘り下げてみましょう。短絡的に人員不足ということにしてしまうと,思考を止めてしまいよいアイデアが浮かんできません。常に「なぜなのか。」と,考える癖をつけましょう。

　よく「嘘も方便」と言いますが,「方便」とは,ある目的を達するため便宜的に用いられる手段のことです。目的を遂げるために,時には嘘をつくことも

必要になります。部下からがんに罹患したことを相談されて，他のメンバーには他言しないように頼まれている場合は，他のメンバーから「Aさんは，病気なんですか。」と聞かれたときに，知っていても「知らない。」と答える勇気が必要です。

1-5　部下の話に耳を傾け，問いかける

　ある企業の主任さんは，意欲が高く，会社の方針や目標を部下に対して発信をしていましたが，どうも部下がついてきません。その理由は，主任さんが部下の話を聴いていないことでした。

　例えば，次のような会話です。

部下：主任，今度の会議のことなんですが……。
主任：あー，あの件な……うん。
部下：今度のプロジェクトのことなんですけど……。
主任：わかっている，わかっている，どうせいつものアイデアだろう。
部下：（何も言わなくなり，しばらく黙っている）

　このような会話が続いたら，部下はもう上司には話したくなくなるでしょう。

　日本語で「きく」という言葉には，「聞く」「訊く」「聴く」の３種類があります。

○「聞く」は，情報を知っているレベル。
○「訊く」は，尋ねるという意味があるので，意味が通じているレベル。
○「聴く」は，お互いに気持ちが通っているレベル。

　「聞く」＜「訊く」＜「聴く」という順に，お互いの意思疎通が深まっていきます。

「積極的傾聴」とは，相手の気持ちや考えを相手の立場に立って理解しよう
とする態度のことです。この積極的傾聴には，「言語系テクニック」と「非言
語系テクニック」があります。

（言語系テクニック）
○うなずき ⇒ 承諾や同意などの気持ちを表すために首を縦に振る。
○あいづち ⇒ 相手の話をうなずいて巧みに調子を合わせる。
○繰り返し ⇒ 言葉を繰り返す。
　例）A：「最近，眠れていないんです。」
　　　B：「眠れていないんですね。」
○感情の反射をする ⇒ 心情に注目する。
　例）A：「最近，眠れていないんです。」
　　　B：「それはつらかったですね。」
○質問をする ⇒「開かれた質問」と「閉ざされた質問」があります。
　開かれた質問とは，相手に自由に答えてもらう質問の仕方。
　　　例）「これについて，どうお考えですか。」
　閉ざされた質問とは，二者択一など回答範囲を狭く限定する質問の仕方。
　　　例）「AとBのどちらが好きですか。」
○要約をする ⇒ 相手の発言をまとめてみる。
（非言語系テクニック）
○パーソナルスペース ⇒ 他人に近づかれると不快に感じる空間のことで
　す。部下と話すときの立ち位置や椅子の並べ方などを意識します。
○オープンスタイル ⇒ オープンな姿勢を取ることです。腕組みや足を組
　むと威圧感がありますので，腕を組まずに前傾姿勢で接します。
○アイコンタクト ⇒ 目を見て話す。作業をしながら，耳を傾けていても
　相手は聴いてもらっていない気になります。

　もちろん，テクニックの前に相手のことを知りたいという気持ちが前提条件
として必要です。
　次に，**部下に対する問いかけ**には，３つの種類があります。

○情報を集める質問 ⇒ 質問者が知りたい質問。
　例）「いつから仕事が上手く進まないんですか。」
○感情を受け止める質問 ⇒ 相手の気持ちを共感する質問。
　例）「仕事は上手く進まないのは，しんどいですね。」
○相手に気づいてもらうための質問 ⇒ 相手に考えてもらう質問。
　例）「過去に仕事が上手く進まなかったとき，どのようなことをして乗り越えましたか。」

　上司になった途端に現状を把握しようとして，情報を集める質問を部下にする傾向があります。しかしながら，上司が知りたい情報ばかりを聞いていては，部下にはあまりメリットがありません。反対に，感情を受け止める質問は，部下の感情を確認し，共感するには効果があります。特に，自分のことをわかってほしいと思っている部下に対しては，有効な問いかけです。さらに，相手に気づいてもらうための質問までを意識している上司はきわめて少ないです。ＴＰＯにより，３つの質問をバランスよく使い分けることができるように心掛けるとよいでしょう。

1-6　個人情報の取り扱いは，部下を大切にする気持ちのバロメーターになる

　上司になると，部下から相談されることが多々あります。そのときに，本人の同意を得ずに他のメンバーに相談された内容を話してしまっては，信頼関係を保つことはできません。そのため，個人情報の取り扱いには，十分に注意を払いましょう。

　部下から面談してほしいという申し出があったときには，プライバシーの守れる場所を用意して，部下が安心して話せる環境を作りましょう。相談された内容について他のメンバーにも伝えたほうがよい場合には，相手に対して他の

メンバーに情報を開示してよいのかどうかを確認します。

　例えば，病気のことを相談された部下に，「これ以上休むとなると，他のメンバーに話しておいたほうが休みやすいですし，他のメンバーにも仕事の段取りがあるので，あなたの病気のことを伝えたほうがよいと思います。情報を開示してもよろしいですか。」と確認します。情報を開示することに同意してもらった場合は，どの部分まで情報開示してよいのかも，きちんと確認しましょう。

　とりわけハラスメントの相談は，より慎重に取り扱うべきです。初動の対応が悪いと，話がこじれてしまうからです。部下から，「以前からＦさんがしつこくつきまとってくるんです。断り切れずに１度だけ食事に行ったら，また食事に行こうとしつこくて困っています。」と相談を受けたときに，「なぜ，Ｆさんと食事に行ったの。あなたも気があるんじゃないの。」と言ってしまったら，もう相談されることはないでしょう。また，そのことを面白おかしく噂話をすることは言語道断です。個人情報をどう取り扱うかは，部下を大切にする気持ちのバロメーターになっていると感じています。

1-7　誠実な態度が信頼関係のベースを作る

　研修を依頼されたときに，参加された同じ職場の上司と部下の方に，お互いの良いところを言い合ってもらうという**「良いところ探し」**をしたことがあります。

　ある上司の方は，部下に対して「仕事熱心で，気配り上手，臨機応変に対応できている。」などと話されていました。そのとき，その部下の方が涙ぐまれていたことがたいへん印象的でした。普段は寡黙な上司に，自分がそんなふうに評価されていることを知らなかったので，うれし涙が出たのでした。

　上司の方は，「長年一緒に仕事をしているんだから，言わなくてもわかるだろう。」と思っていたようです。日本の文化として「阿吽の呼吸」という言葉

がありますが，やはり相手に伝わりにくい場合があります。あらためて，「ありがとうございます。」「今回の件，よくやってくれたね。」「頑張っているね。」などと，感謝やねぎらいの言葉がけをしましょう。

　また，部下のなかには，なかなか心を開いて本音を話してくれない人もいます。だからこそ，部下との対話を増やし，時には自己開示することも有効です。「このプロジェクトの件だけど，今回とても不安を感じているので，手伝ってくれないだろうか。」などと，率直な意見を言ってみるのもよいでしょう。

　次に，部下の話はきちんと聞いてくれるのですが，相談した内容の約束を守らない上司がいるということがありました。それでは，信頼関係は構築できません。

部下：「あの件，どうなったのですか。」
上司：「忙しくてまだ何もできてないわ。ごめん。ごめん。」

　こんな会話がいつまでも続くと，どうせ約束したところで状況が変わらないので，部下は相談する気をなくしてしまいます。仕事は日々変化があり，そのときはできそうだと思って返事をしても，できない事情が生じたのであれば，タイミングを逃さずに進捗具合をきちんと話すように心掛けましょう。

　さらには，好き嫌いの感情だけで仕事を割り振ったり，評価をしたりしないことです。特定の部下と距離感が近いことから特別扱いだと思われ，他の職員に不公平さを感じさせてしまったり，反対に上司と部下が不仲であまり連携が取れずに改善できないことがあります。

1-8　「信頼」はしても「信用」はしない

　私は，恩師から「信頼はしても信用はするな。」と学んだことがあります。この解釈としては，**信頼**とは，部下のその人となりを長期的な視点で必ずでき

ると信じることです。**信用**とは，部下が１つ１つの仕事をしたときは全部を信用し過ぎずにフォローをするということです。信用し過ぎると，どうしてもフォローをしなくなります。その結果，ミスや失敗があると部下のせいにしがちになりますから，部下を全面的に肯定的に捉えながら，業務の部分では任せきりにしないことが大切です。

TWI（現場監督者のための企業内訓練）の仕事の教え方の４段階では，「習う準備をさせる。」「作業を説明する。」「やらせてみる。」「教えたあとをみる。」の順番で実践させます。つまり，やってみせるだけでは駄目で，部下がきちんとやっているところを見てフォローアップし，相手が覚えていることまで確認してはじめて教えたということになります。ついつい自分自身が教えているつもりになっていないかを，再確認してみましょう。結局のところ，部下に対して仕事のフォローアップを行い，最終的な責任は自分が取る覚悟を持つことが大切です。

1-9　真剣に取り組み，深刻にならない

「**真剣**」とは，本気で前向きに取り組むことです。「**深刻**」とは，思い悩み悪い方向に考えてしまうことです。仕事に対しても，同じことがいえます。

新任リーダーのＡさんは，「リーダーの仕事は，思っていた以上に厳しいと感じていました。毎日毎日，部下からは前の上司のときの指導の仕方と比較され，気がめいるばかりです。リーダーになる前までは，「チームワークが良く結果を残せる職場にしよう。」や「部下の特性に合わせた人材育成をしたい。」と強く思っていましたが，部下とのコミュニケーションや報告・連絡・相談もままならず，情けないです。私はリーダーに向いていない，辞めようかどうか日々考えてしまいます。」と思い詰めていました。

はじめて部下を持つときは，期待や希望を持っていますが，最初のうちはな

かなか思うようにいかないことがあります。このように，理想と現実のギャップにより精神的打撃を受けることをリアリティショックといいます。この状況が長く続くと，**バーンアウト**（燃え尽き症候群）に陥ることがあります。バーンアウトに陥りやすい心理的特性として，ひたむきで多くの仕事を熱心に達成しようと深刻に悩み，完璧主義傾向が強い人が多いようです。だからこそ，完璧主義になりすぎずに，失敗した後は気持ちの切り替えをすることが大切です。また，煮詰まったときは，ストレスを発散し，信頼できる人に相談するとよいでしょう。

　このように**深刻**にならずに，**真剣**に取り組むがことが大切です。

1-10　自己否定ではなく，内省をする

○「部下がついてこないなんて，自分なんか駄目だ。」
○「予算を達成できないなんて，自分は役に立たないんだな。」
○「この間の失敗で，つくづく自分が嫌いになった。」

　このようにネガティブな思いが湧き出てしまい自分を責め続けていると，自分の存在すらも認めることができなくなってしまいます。**「自己否定」**ばかりしていても，何も問題は解決をしません。

　一方，**「内省」**は違います。内省とは，出来事や問題から学び，次に活かすにはどうすればよいのかを考えることです。

　保険会社のトップクラス営業の方にお会いして，お話を伺ったことがあります。毎月好成績を出されている方なので，余裕で結果を残されているものだと思い込んでいました。しかしながら，保険や金融関係の知識はもちろん，お客様についての情報についても，常に勉強されています。また，仕事に関してどんなに学んだとしても終わりはないし，勉強すればするほどまだ勉強量が足り

ないと恐れを感じているというお話をされていました。内省し視野が広がれば広がるほど自分のことを客観視している姿は，よい緊張感を持ち自分の成長を楽しんでいるように見えました。

　また，内観療法に行った友人の例があります。**内観療法**とは，内観研修所で外界からの刺激を遮断してパーテーションで狭く仕切った空間で1週間こもって行います。朝から晩まで続けて，途中1～2時間ごとに面接者に対して，これまで思い出したこと（「お世話になったこと。」「して返したこと。」「迷惑をかけたこと。」）を話すというものです。

　友人は，内観中に深い内省をされたようで，内観が終わってからお会いしたところ，劇的に価値観が変わって，人が変わったようになっていました。このことから，内省は人を成長させるものだと実感しました。このような集中内観をしないまでも，日々内省することは，とても価値のあることだと考えています。

1-11　戦略的に場を支配する力を身につける

（G社の場合）

　上司が部下に対して業務変更などを依頼するときに，「そんなの無理です。できません。」と言われてしまい，上司が何度お願いしても聞き入れてもらえずに，結局，断られてしまいました。次からは，最初からお願いしない雰囲気になっています。

（H社の場合）

　上司が部下に対して，「こういう人なので，言ってもわからないし……。」と思い，背を向けてしまい，向き合うことを諦めてしまっています。

（I社の場合）

　上司は何でも屋。現場での業務まで何でもやってもらえると部下が思い込み

過ぎて上司の業務が過多になり，上司は疲労困憊しています。

　このような新任リーダーをよく見かけます。リーダーの役割に対する周囲の理解が低いと感じます。だからこそ，戦略的に場を支配する力を身に着けることは，大切だと感じています。特に「戦略的」であることが大事なのです。なぜならば，上司は部下を通じて企業の目標を達成し，業績を上げなければならないからです。思いつきではなく，自分がどう動けば相手はどう動いて，どんな成果が得られるのかを，事前に予測することが必要です。

　場を支配する方法には，2つあります。

　1つめは，**沈黙を上手く使う**ことです。沈黙の効果として，言葉に重みが出たり場を引き締めたりします。

　2つめは，**関係性を考えて伝え方を工夫する**ことです。関係性には，場を支配する人と支配される人が存在します。時として関係性は変わります。上司が部下に対して常時支配しているとハラスメントになってしまいますが，場合によっては部下をコントロールすることも必要です。コントロールするというと，声を大きくしたり威嚇したりするイメージがありますが，それだけではありません。経験の浅い部下に対しては，自身の過去の経験や出来事をもとにした考えを発言してみましょう。「昔，営業の経験があるからこう思うんだよね。」のような言葉を付けると，経験値が低い部下に対する説得力が増します。また，正義感が強くまっすぐな性格の部下には，「この行為は人としてどう思いますか。」などと良心や道徳観に訴えかけましょう。相手の価値観に寄り添い伝えることで，相手に動いてもらう技術を身につけるとよいでしょう。

1-12 課題発見力を身につける

課題発見力とは，表面的にはトラブルは起こっていないが，自分で課題を見つけていく力のことです。

ビジネスの現場においては，変化が激しく将来の見通しをつけることが難しいため，これまでより課題発見力が必要とされています。次のような例があります。

○繁忙期で参加できない部下もいると考えてミーティングの予備日を設定しました。
○パソコンの配線が乱雑になっていて危険なので，置き場を見直して事故を防ぎました。
○特定の部下の残業が多いので，業務の見直しを行いました。

では，**課題発見力を身に着ける**には，どうしたらよいのでしょうか。次の3つの方法があります。

1つめは，「常にもっと良い方法はないのか。」や「このままの状況で大丈夫なのか。」など，**常に関心を持ち考えること**です。次のような例があります。

○もっと部下に成長してもらうには，どうしたらよいのか。
○もっと業務を効率化するには，どうしたらよいのか。
○もっとより良い職場環境にするには，どうしたらよいのか。
○もっと部下の能力を活かすには，どうしたらよいのか。
○どうすれば，部下のモチベーションをより高めることができるのか。

2つめは，**状況を観察し把握すること**です。自分が部下のときは上司が状況を判断してくれましたが，自分が部下を持ったときは自らが状況を把握しなければなりません。そのためには，部下や周囲に対して観察を行い，変化に気づくことが大切です。

3つめは，常日頃から「何で，これはこうなっているんだろう。」と，**疑問を持つこと**です。「ミーティングの回数や時間は，これでよいのだろうか。」などと考えることで，無駄なことや不足していることに気づけるでしょう。

1-13　問題解決能力を磨く

問題解決能力とは，問題や課題があったときに，本質を見極めて行動計画を立て実行することです。問題解決能力が高い人の特徴は，3つあります。

○物事を体系的に捉える。
○日頃から物事に対して興味を持ち，「なぜ，こうなったのだろう。」と考える習慣をつける。
○完璧を求め過ぎずにスピード重視で対応する。

では，どうすればよいのでしょうか。**ノートに書き出してみる**ことをお勧めします。

① 現状を書く。
　例）現在の売上70万円。
② 理想の状態（目標）を書く。
　例）目標の売上100万円。
③ 現状と理想の状態のギャップ（問題）を書く。
　例）売上が30万円足りない。
④ 問題から課題（ギャップを埋めるために必要なこと）を考える。
　例）営業の強化，プロモーションの強化

⑤　課題を締切り日時までにどうすれば達成できるのかを列挙して書く。

　例）営業の強化　⇒　20日までに顧客10名にアポを取り訪問する。

　　　　プロモーションの強化　⇒　25日までにチラシを1,000枚ポスティングする。

　　　　プロモーションの強化　⇒　25日までにSNSで商品を紹介してECサイトへの流入を狙う。

⑥　優先順位を決めて実行計画を作り，誰に頼むのかを決める。

　例）優先順位①　⇒　20日までに顧客10名にアポを取り訪問する。

　　　　　　　　　⇒　Jさんが5名，Kさんが5名にアポを取り訪問してもらう。

　　　優先順位②　⇒　25日までにチラシを1,000枚ポスティングする。

　　　　　　　　　⇒　Lさんに担当してもらう。

　　　優先順位③　⇒　25日までにSNSで商品を紹介してECサイトへの流入を狙う。

　　　　　　　　　⇒　Mさんに担当してもらう。

　優先順位を決めるためには，期待される効果，コストパフォーマンス，実現可能性や緊急度を勘案するとよいでしょう。問題解決能力を磨くことは，場数を増やすことだと思います。ぜひ実行してみてください。

なぜ，うまく部下に対応することが
できないのか

第1章では，私が社労士や研修講師として関与して経験したいくつかの事例をふまえて，上司の「心構え」を探ってきました。

あなたも，事例と似たような経験をされて悩み，共感していただけたのではないでしょうか。

第2章では，「なぜ，うまく部下に対応できないのか」について，これまでの考え方がどれだけ思い違いであったのかを，一緒に考えていきましょう。

2-1 プレイングマネジャーが多く，マネジメントの役割が理解しにくい

　プレイングマネジャーとは，プレイヤーとマネジャーを兼ねる役割をいいます。自分で現場の仕事の担当を持ちながら，マネジメントもこなす役割を担っています。そのため，本人にとってプレイングマネジャーとしての役割が理解しにくいことが多々あります。その理由は，2つあります。

　まず，本人が**プレイングマネジャーの役割を認識していない**ことです。例えば，パートさんが家族の病気で突然休むようなときに，リーダー自らがその業務の穴を埋めることがあります。

　その場合に，プレイヤーとして業務に対応するのではなく，あわせてマネジャーとしての視点を持ち，業務を遂行することが必要です。プレイヤーに甘んじることなく，次のように**「マネジャーの視点」**を持って，部下に対応することが必要でしょう。

　人材育成の視点……「一緒にシフトに入ったＡさんは，とてもリーダーシップがあるな。次回の社外の研修にはＡさんにも行ってもらいたい。」

　業務改善の視点……「この業務は，もう少し効率的にできないか。」

　職場の安全に関する視点……「あの機械は古くて危ないので，買い替えをすべきか。それとも，修繕すべきか。」

　職場環境改善の視点……「人員配置で不満が出ているので，どのようにすべきか。」

　コスト削減の視点……「もっと費用を減らすことができないか。」

　マネジャーとして考えるべきことに，あなたは気づけていますか。

　次に，そもそも**マネジメントをする時間の確保ができない**ことです。プレイングマネジャーは，組織の目標だけでなく，個人の目標も課されていることが多いので，むしろ個人の実績や業績を追いかけがちです。それゆえ，部下に支援を行ったり，人材育成する時間が少なくなってしまうのです。

2-2 即戦力が求められ，マネジメントを教えてもらう時間がない

　HR総研の「人材育成『管理職研修』に関するアンケート調査結果報告（2019年）」によると，管理職研修を実施している企業は約6割，中小企業では半数以下という調査結果でした。特に中小企業では，管理職研修を含む階層別研修まで行っている企業は多くないのが現状です。

　ある企業では，従業員の離退職が激しいため人材不足でした。そのため，真面目で能力のある若手が入ってくると，今までリーダーを経験していなくても，すぐにリーダーを担うことになりました。若手の登用で歓迎すべき面もありますが，リーダーになる教育やOJTも行われていませんでした。リーダーを任されて困った彼が，上司に相談しても何の対策もしてくれませんでした。その結果，真面目な彼は，既存のスタッフに対する対応が上手くいかずに悩み，体調を悪くしてしまい，最終的には医師からうつ病と診断されました。

　また，ある企業では，他社で部下をマネジメントしていた方をリーダーとして採用しましたが，忙しいことを理由に自社での研修やOJTを行いませんでした。リーダーとなった彼は，これまでの経験値や考え方だけで部下に仕事を与えたり，業務命令を行っていました。部下から「会社の方針で以前からやっていたのですが……。」という提案があっても，リーダーである彼は聞く耳を持たずに，前職でのこれまでのやり方により一層固執しました。そのため，部下と上手くコミュニケーションを取ることができずにいました。

　これらのことをふまえて，上司の立場からは，リーダーの経験がない場合はもちろんのこと，経験があったとしても現在の会社の方針ややり方について理解を求め，実践してもらうことが大切です。

2-3 部下に対して，コーチングだけで対応できると思い込んでいる

コーチングとは，対話を通じて相手の能力を引き出し，目標達成に向けてサポートするコミュニケーションスキルのことです。コーチングは，使い方によっては素晴らしい技術ですが，上司のなかには「コーチングは万能だ。」と思い，部下に対してコーチングだけで対応できると思い込んでいる方がいます。どんな技術でも対象者を間違えると，次のように効果を上げることはできません。

（信頼関係を築けていない部下）

コーチングは，自発的行為を促す双方向コミュニケーションといわれています。まだ信頼関係が築けていない場合において，コーチングが機能しにくいからです。

（新人の部下）

新人は，業務に対する情報量が少ないので，「考えなさい。」と言われても困ってしまい，行き詰まるからです。最初のうちは，知識や情報量を増やすために教えるティーチングが望ましいです。ティーチングでスキルが高まってきたら，コーチングを併用するとよいでしょう。

（指示待ちの部下）

自分で考えようとしない部下に対しては，コーチングは有効ではありません。自分ができない理由ばかりを探して，前向きに自分で考えようとしないからです。

（メンタルが落ち込んでいる部下）

メンタルが落ち込んでいる部下の場合には，カウンセリングを行ったほうが有効です。コーチングは未来に対する目標達成が目的ですが，精神的に落ち込んでいるときは未来など考えている余裕がないからです。カウンセリングは，相手の話を聴きながら過去の問題に焦点を当てて気持ちを整理することできますので，落ち込んでいる部下にはカウンセリングが有効です。

コミュニケーションのスキルは，部下に応じて個別に使い分けるとよいでしょう。

2-4 部下の状況について，情報収集し分析できない

　上司の方にお聞きすると，「仕事だけで精一杯なので，部下の話を聞いている時間がない。」「個人情報だから聞かない。」「部下のプライベートについて聞くと，ハラスメントにならないですか。」と話される方がいます。

　確かに，部下が言いたくないプライベートの話まで，根ほり葉ほり聞くことは好ましくありません。しかしながら，部下は，自分のことをわかってほしいと思っていることが多いようです。かつては，正社員を中心として会社運営に携わるスタイルが当時の社会の一般的な傾向でしたが，時代の変化により，最近では多様な部下が活躍しています。親の介護をしながら仕事をしている方，子育てをしながら仕事している方，ご自身が病を抱えながら仕事をしている方もいるでしょう。

　働いている方の置かれている状況が多様化している今日では，部下の公私を分けて考えてしまうと，部下の置かれている現状を理解することができず，正しく分析することができなくなってしまいます。

　このことから，部下に対してアンコンシャスバイヤスを持ちやすくなります。**アンコンシャスバイヤス**とは，「無意識の思い込み」とも呼ばれ，次のように本人が気づかないうちに身についてしまうものです。

○子供の1歳6か月検診のときに，「言語の遅れや共感性が低い。」と指摘され，子供を児童福祉センターに連れて行っているが，上司は事情を知らないので，「最近休みが多いな。」と心配して気にかけています。
○部下は病院に通っているが，上司は事情を知らないので，「最近，頻繁に有給休暇を使っているけど，何しているのかわからない。」と疑念を持たれました。

○部下は妊活をしているが，上司は事情を知らないので，「子供はまだなのか。」とその部下と雑談をしています。
○部下は，母の徘徊が原因で寝不足が続いていましたが，上司からは「やる気がないのか。」と叱責されました。

　このように，正しく部下のことを把握していなければ，部下の対処を見誤ってしまいます。だからこそ，自分自身もアンコンシャスバイヤスを持っていることを認識したうえで，部下の状況を把握し分析しましょう。

2-5 職場の上司や先輩のマネジメントを良くも悪くも忠実にまねしている

　ある企業で管理職向けの研修をする前にアンケートを行ったことがあります。「あなたは，マネジメントに自信がありますか。」という質問に対しては，約90％の方から「自信がない。」との回答がありました。また，「あなたは，マネジメントをどこで学びましたか。」の問いには，「職場の上司や先輩から学んだり，外部研修やセミナーに行ったり，本を読んでいる。」という結果が出ました。やはり，職場の上司や先輩からマネジメントを学んでいる場合が多いようです。

　マネジメント力が高い人は，企業の経営理念，方針，目標をきちんと理解して実行しようとすること，マネジメントの経験値が高いこと，マネジメントの知識があること，のバランスがよい方だと思います。残念ながら，このようにバランス感覚がよい方にお会いすることは，少ないのが現実です。

　職場にある程度慣れれば，そのまま職場の上司や先輩のまねをしないほうがよいと思います。上司や先輩のまねを忠実に行うのではなく，次のようなステップで自分なりにアレンジして考え，良い部分をまねるとよいでしょう。

① 自分がモデルとする上司や先輩（モデラー）のどの部分をまねしたい
のかを探します。また，まねをする目的を明確にします。
　例）A先輩のコミュニケーションが上手なところをまねる。まねをする
　　　目的は，職場でのコミュニケーションを円滑にするため。
② モデラーがどんなことをしているのかを，本人もしくは周囲の方から
話を聞き情報を収集します。
　例）A先輩の行動を観察したり，話を聞いたりする。また，A先輩の周
　　　りにいる人にA先輩のことを教えてもらう。
③ 情報収集した内容を要素に分け，A先輩が実行していることを観察，
分析します。
　例）A先輩のコミュニケーションが上手い理由は，「愛嬌がある。」「人
　　　見知りをしない。」の2つの要素であることがわかる。
　　　「愛嬌を得るため」には，
　　　　　○A先輩は，会話の中で笑いを取るように心掛け，お笑い芸人のテ
　　　　　　レビ番組を見るようにしている。
　　　　　○A先輩は，記憶術を学んだ経験があり，初対面でも名前を覚えて
　　　　　　いる。
　　　　　○A先輩は，本を読んで，「心に残った言葉」をいつもノートに書
　　　　　　き写して，いつもエネルギーをもらっている。
　　　　　○A先輩は，自分がわからないことは，素直に複数の方に尋ねるよ
　　　　　　うにしている。
　　　「人見知りをしない」ように，
　　　　　○A先輩は，仕事でどんなに嫌なことがあったとしても，「これは
　　　　　　仕事だから仕方ない。」と考えている。
④ 自分が「お手本としたい。」と思ったものを実行します。
　例）「自分がわからないことは，素直に複数の方に尋ねること」を実行
　　　する。

　このようにモデラーの良い所をアレンジすると，理想の姿になるために自分
の身の丈にあった行動を実践することができるでしょう。

　一方で，年齢の離れた上司や先輩のまねをする場合は，以前とは働く職場の環境が違ってきています。高度成長期には，フルタイムで働く人を中心にマネジメントをしていればよかったのですが，現在では多様な人材に対して個を活かすマネジメントを行う必要性があります。また，飲みニケーションでコミュニケーションを取るなどは，コロナ禍により働く人の価値観も変わっていますので以前に成功していたからといって，必ずしも現状と合わないことも考えられます。先輩から何を受け継ぐのか，活かすのかは，自分自身で考える必要があります。

2-6　1人で抱え込みすぎている

　1人で仕事を抱え込みすぎては，マネジメントする時間が少なくなり，効率が悪くなってしまいます。そして，1人でやろうとしても，必ず限界がきます。また，悩みを1人で抱え込むと，問題が長期化し心身ともに不調になることもあります。

　次のような状況が度重なり，1人で仕事を抱え込んでいませんか。

○「自分がやったほうが早いので，部下に任せたくない。」と思った。
○仕事を割り振ったときに，部下が顔を曇らせるので，次回から頼みにくくなった。
○責任感が強くて何事も自分でやらないと気が済まなくなってしまった。
○人に弱みを見せるのが嫌なので，ついつい自分でやってしまう。
○相談相手がいないので，自分でやってしまう。

　ある企業で主任になったばかりのAさんは，新人職員に根気よく丁寧に仕事を教えていました。一方，その新人は，何度教えても，次の日にはやり方を忘れてしまうのです。ここでAさんは，上司や周りの人に支援を求めることがで

きればよかったのですが，1人で抱え込んでしまい，体調不良に陥ってしまいました。

このようなケースでは，2つのことを心掛けましょう。

まずは，「お願いします。」と言える勇気が必要です。周りの人に対して「お願いします。」と言うのは抵抗があるかもしれませんが，愛嬌のある人だとかえって好感を持ってもらえる場合もあります。時に弱点を見せることで，親しみやすさを感じるのです。ある企業での新任の女性リーダーは，新しい職場に行くと，部下に「Aさん，助けてください。このプロジェクトの手が足りないので手伝ってくれませんか。」と言って援助や支援を求めており，**部下に対してとても頼み上手な人**だったことが印象的でした。

次に，自分の部署のメンバーだけでなく，人事，他部門の方などともコミュニケーションをとり，普段からお互いに情報交換するなど，気軽に相談したり，**協力し合えるように連携をとっておく**とよいでしょう。「営業部はスケジュールを守らない。」「技術部は理想ばかりを言ってくる。」などと，お互いに不平不満を言っても仕方がありません。定期的に会議をして事例を共有したり，交流会を開くことも有効です。

2-7　物事を決めることができない

物事を決めることができない上司の特徴として，4つのことがあります。

① 自信がないこと。

　これまでは指示を受けて業務を行っていたことが，今後は状況をみて自分で判断することになり難しく感じるかもしれませんが，いずれ少しずつ経験により自信がつくものです。ここは，判断をするトレーニングだと思って，どんどんと経験値を高めていきましょう。

② 目指すべきゴールがない，もしくはゴールにたどりつく信念がないこと。

　　　目的を持って行動していないので，何をすればよいのかがわからないの
　　です。まずは，目的や業務内容を書き出してみて，やるべきことの優先順
　　位を決めましょう。
③　目先だけをみていること。
　　　つい人の目が気になってしまい，ころころと意見を変えてしまうことが
　　あります。主任が「このプロジェクトに取り組んでください。」と言って
　　いたのに，ベテラン社員から「時期尚早なのではないか。」と言われると，
　　すぐに取りやめて方針を変えてしまいます。このような場合は，目的意識
　　に欠けていることが多いので，常に目的意識を持つことが必要でしょう。
④　無意識に自己保身を行っていること。
　　　自己保身は，無意識に自己正当化していることが多いので，自分ではな
　　かなか気づきにくいです。「でも」「だって」「どうせ」とすぐに言い訳す
　　る言葉が出たとき，自分の行動を振り返りましょう。

2-8　相談できる相手がいない

　ある勉強会で，とても興味深い方にお会いしたことがあります。この方は，
サラリーマンのときから，「社外に50人のメンターを作る。」という目標を持っ
ていました。社外の方とお会いすることで，「自分のメンターに出会え，結果
としてご自身のサラリーマンのときの業績向上にもつながった。」とお話され
ていました。現在は独立され，紹介のみで年間約1,000名を超える社長と会い，
人と人をつなげることに熱心に取り組んでおられます。この方は，**相談できる
相手を見つける達人**になったのです。
　たとえ達人のように数多くはなくても，自分の周りでサポートをしてくれる
人を探すことは大切です。サポートしてくれる人には，4種類あります。

情緒的サポート：共感や愛情の提供してくれる人。

例）愚痴を言ったときに話を聞いて励ましてくれる同期。

道具的サポート：物やサービスの提供をしてくれる人。

例）ネットワークに接続できないときにパソコンを直してくれる部下。

情報的サポート：問題の解決に必要なアドバイスや情報の提供をしてくれる人。

例）「最近，こういう改正があったから対策したほうがいいよ。」と情報提供をしてくれる元の上司。

評価的サポート：肯定的な評価を提供してくれる人。

例）「いい仕事してくれてありがとうございます。」と言ってくれる取引先の方。

4つの種類のサポートを意識して探してみると，あなたが気づいていないだけで身近に相談できる人が数多くいるはずです。

2-9　実行力がない

実行力のない上司には，いくつかのパターンがあります。

○「上と相談する。」と言って，結局何もしない上司
○約束したのに，何もしてくれない上司
○「面倒くさいから」という理由で，動かない上司
○責任を持ちたくないからと，逃げ回る上司
○仕事ができずに，何をしたらいいのかわからない上司

このような上司では，部下が相談する気をなくすでしょう。もちろん，この態度では，部下との信頼関係を構築できません。

　ある企業では，ベテランの先輩が新人に対して執拗に厳しく指導を行っていました。そのことを2人の上司である主任が知りながら，ずっと見て見ぬふりをしていました。その結果，新人が退職してしまったケースがあります。

このように，見て見ぬふりをすることも，最終的にハラスメントに加担してしまうことになります。また，部下が提案しても何も改善されなければ，時間だけが過ぎていきます。それは，お互いに無駄な時間を浪費することになります。

だからこそ，小さなことでも『言ったことは必ず実行する』誠実な態度が大切なのです。

職場の人間関係を円滑にするために
リーダーができること

　職場の人間関係を円滑にするために，リーダーのすべきことがあります。それは，ご自身のセルフケアをして自分の考え方の歪みに対処すること，感情のコントロールをして部下との適切な距離感をはかることです。

　第3章では，職場で部下との関係を円滑にするためのヒントを事例やチェックリストのなかから見つけることができます。早速，日頃の言動を振り返ってみましょう。

3-1　リーダー自らがセルフケアをする

　企業にお伺いしてリーダーとお話をすると，心身ともに疲れている方に数多く出会います。疲れたまま業務を行っていても，判断力が低下してネガティブな言動につながり，周囲に良い影響を与えない場合があります。また，ノルマの達成に向けて頑張っていたり，業務の進行がひっ迫していると，誰しも機嫌が悪くなることもあります。

　だからこそ，リーダー自らが**セルフケア**をすることが大切です。まずは，自分自身のストレスのシグナルに気づくことです。畔柳氏のチェックリストを参考に，次の質問から該当するものを選んでチェックをしてみましょう。

（出典）畔柳 修著『メンタルヘルス実践ワーク』金子書房

【行動面でのシグナル】
- □ 食欲がない（または食べ過ぎてしまう）
- □ よく眠れない
- □ イライラして落ち着かない
- □ よく同じ質問を繰り返す
- □ 些細なミスを繰り返す
- □ 独り言が多い
- □ 集中力に欠ける
- □ 怒りっぽくなる
- □ 職場や家庭で口論が絶えない
- □ 優柔不断になる
- □ 根気に欠ける
- □ アルコールを飲み過ぎてしまう
- □ 1日1箱以上タバコを吸う
- □ 夢でうなされる
- □ 約束の時間に遅れる
- □ 乱暴な運転をする

□ 性に関する興味が起こらない（または過剰である）

□ 忘れ物やなくしものをすることが多い

□ 焦りすぎる

□ 人と会うのが億劫になる

【身体面でのシグナル】

□ 体重が急に減った（または急に増えた）

□ 疲れやすい（疲れがとれない）

□ 生理が不順である

□ 下痢・便秘が続いている

□ 胃が痛い（胃もたれする）

□ めまいや立ちくらみがする

□ 肩や首筋がこる

□ 頭が痛くなる（頭が重い）

□ 湿疹ができやすい

□ 目が疲れやすい

□ 風邪をひきやすい（治りにくい）

□ 手のひらや脇の下に汗をかくことが多い

□ 急に息苦しくなることがある

□ 動悸をうつことがある（呼吸が乱れる）

□ 胸が痛くなることがある

【思考・感情面でのシグナル】

□ 気分が沈みがちになる

□ 空想にふけることがある

□ 考えがまとまらず，混乱してしまう

□ 興味，関心がわからない

□ 孤独感に陥ることがある

□ 不安でしかたない

□ 過去の出来事にクヨクヨする

□ 自分のしたことに自信がもてない

□ 自己嫌悪に陥ることがよくある

□ 他人を信用できない

□ 感情の起伏が激しい
□ 悲観的になることが多い

　あなたは，「行動面，身体面，思考・感情面で，どのシグナルが多かったのか。」を確認しましょう。

【シグナル数】

　　行　動…………（　　　　　　）

　　身　体…………（　　　　　　）

　　思考・感情……（　　　　　　）

　次に，自分のシグナルに対して，どのように対応するのかを考えます。研修で，リーダーの方にこのチェックをやっていただくと，「ついつい食べ過ぎてしまう。」「アルコールの量が増える。」「肩こりがひどくなる。」「クヨクヨして考え込んでしまう。」などと，さまざまなシグナルが出てきます。リーダーのなかには，業務に精一杯で，自分の心身の状況まで関心を向けることができないケースも数多く見かけます。少しでも身体に違和感があるときは，早めに休養を取ったり，ストレス解消をしたりと，セルフケアをすることが大切です。

　私の場合は，ストレスがたまって疲れてくると，関節のところにじんましんのようなものが出てきます。そういうときは，できるだけ早めに帰宅し，ゆっくりとお風呂に入って，早めに寝ることを心掛けています。

<table>
<tr><td>3-2</td><td>自分の考え方の歪みを知り，言動を振り返り，対処する</td></tr>
</table>

　職場の悩みの多くは，人間関係にあるのではないでしょうか。自分の考え方が，必要以上に自分を苦しめている場合があるかもしれません。

　誰もが自分のフィルターを通して現実世界を見ます。良い意味では「信念がある。」といえますが，同じ出来事に遭遇したときに，歪んだ捉え方では，自

分の気持ちが不安になったりイライラしたり，ネガティブなものになってしまいます。

　まずは，「考え方の歪み」の傾向を知るために，自分に該当する項目にチェックをしてみましょう。

【「考え方の歪み」のチェックリスト】
- □ ① 同僚から少し注意されただけで，「もう，だめだ！」と諦めたことがある。
- □ ② 報告書の提出が遅い部下に対して「いつも報告書が遅いなぁ。」と感じている。
- □ ③ 褒められたとき，「何だか裏がありそう！」と捉えがちである。
- □ ④ 質問ばかりしてくる部下に対して「私の仕事のやり方が気に食わないのか？」と思う。
- □ ⑤「最近，プロジェクトを任されたが上手くいく気がしない。」と悲観しがちである。
- □ ⑥ 直感的に「部下を信じると危険だ。」と思うこともある。
- □ ⑦「仕事での遅刻はいかなる場合でも許さるべきではない。」と思う。
- □ ⑧「報告が遅い部下は，仕事ができない。」と考えてしまう。
- □ ⑨「部下が育たないのは，私の指導だけが原因だ。」と思う。

　あなたがチェックした①から⑨の該当した番号が，次のような「考え方の歪み」と連動していますので，一緒に確認してみましょう。

① **完璧主義思考**：物事が正しいか間違っているか，白か黒かと極端な思考。

　　（改善前）同僚から少しだけ注意されただけで，「もう，だめだ！」と諦めたことがある。

　　（改善後）「同僚から注意されたことを次の仕事で活かそう。」と考えよう。

　　（改善ポイント）世の中には，明確な答えがある課題ばかりではありません。0か1かの極端な二元論をやめましょう。

② **過度な一般化**：否定的なことがいつも起こっているかのように考えてしまう考え方。

（改善前）報告書の提出が遅い部下に対して「いつも報告書が遅いなぁ。」と感じている。

（改善後）報告書の提出が遅いときもあるけれど，「この間の報告書はきちんと提出していたなぁ。」と評価する。

（改善ポイント）部下ができないことばかりに目を向けるのではなく，「良いこと」を思い出す努力をしましょう。また，「いつも」「絶対」「必ず」「一度も〜ない」などの口ぐせを使っていないか確認しましょう。

③　**マイナス思考**：肯定的なことを否定的に考える考え方。

（改善前）褒められたとき，「何だか裏がありそう！」と捉えがちである。

（改善後）褒められたとき，「私は期待されているんだなぁ。」と前向きに捉える。

（改善ポイント）他者から言われたことを勘ぐらずに，言葉通り肯定的に受けとめてみましょう。

④　**心の読みすぎ**：「あの人はこのように思っているに違いない。」と勝手に憶測する考え方。

（改善前）質問ばかりしてくる部下に対して「私の仕事のやり方が気に食わないのか？」と思う。

（改善後）「部下からの質問はやる気の表れかも・・・。」と思う。「なぜ質問をしてくれるのか。」について部下に直接聞く。

（改善ポイント）部下の気持ちを自分の考えだけで憶測しないようにします。また，相手に聞いてみるなどの方法を試してみましょう。

⑤　**先読みの誤り**：物事を悪い方向にどんどんと考えてしまう考え方。

（改善前）「最近，プロジェクトを任されたが上手くいく気がしない。」と悲観しがちである。

（改善後）「悪いほうに考えても事態は変わらないから，やめた！きっと上手くいくって。」と成功をイメージする。

（改善ポイント）どんどん悪い方に考えても，事態が良くなることはない

ので，プラス思考で考えてみましょう。

⑥　**決めつけ**：自分の気持ちと現実を一緒のものとして捉えてしまう考え方。

　（改善前）直感的に「部下を信じると危険だ。」と思うこともある。

　（改善後）「決めつけはやめ，部下と話し合おう。」と前向きに対話をする。

　（改善ポイント）感情と現実を分けて考えてみよう。

⑦　**〜べき思考**：「〜べき」と自分の考えを押し付ける考え方。

　（改善前）「仕事での遅刻はいかなる場合でも許さるべきではない。」と思う。

　（改善後）「社会人として遅刻は良くないが，イライラせずに柔軟に対応してみよう。」と考える。

　（改善ポイント）理想に近づけることは良いが，相手が理想どおりでないときも柔軟に考えてみましょう。正論を振りかざしても部下はついてきません。

⑧　**レッテル貼り**：過去にミスや失敗があると，レッテルを貼ってしまう考え方。

　（改善前）「報告が遅い部下は，仕事ができない。」と考えてしまう。

　（改善後）「報告が遅いが，何か理由があるのかもしれないなぁ。」と配慮する。

　（改善ポイント）部下に対するレッテルをはがして事実を確認しよう。

⑨　**個人化**：すべて自分の責任と考えてしまう考え方。

　（改善前）「部下が育たないのは，私の指導だけが原因だ。」と思う。

　（改善後）実際に部下の言動を分析してみたり，積極的に他人にアドバイスをもらったりする。

　（改善ポイント）起こった出来事の原因を冷静に分析してみましょう。

　これまでに９つの自分の「考え方の歪み」について一緒に見てきました。あなたには，どのような思い込みがあったのでしょうか。自分を振り返りながら，改善ポイントを参考にして対処法を考えていきましょう。

　また，他者からフィードバックをもらう方法も有効です。

　ある企業の研修では，リーダーを集めて，部下に対してコミュニケーションや業務命令が上手くいかない事例を出し合って検討しました。もちろん，安心して話せる環境を提供するために，検討会を実施する前に約束事を守っていただくようにお願いしました。結果として，他のリーダーからのアドバイスにより自分の考え方の歪みについて気づいたり，メンバーに話を聞いてもらったことにより，気持ちが楽になり，明日から頑張ろうという気持ちなったなどの効果が得られました。

（検討会をする際の約束事）
① 今日，話し合ったことについては，一切他言しない。
② 人の話は，中断しないで最後まで聞く。
③ 自分がしゃべりたくないときは，黙っていてもかまわない。
④「自分がどう感じたか？」を表現することを大切にする。
⑤ 質問は自由ですが，単なる中傷はしないように気をつける。
⑥ 検討会のメンバーがよく話せるよう話題や時間の独占には気をつける。

3-3　感情のコントロールをする

　「先読みの誤り」（上記⑤）は，根拠なく物事を悪いほうへつい考えてしまうことです。リーダーが仕事に対してこのような状況が続くと，部下も不安を感じてしまい，「どうせ上手くいくわけない。」とあきらめてしまうことがあります。また，「～べき思考」（上記⑦）のリーダーは，部下に対して大きな期待をしすぎてしまうので，部下が期待通りの結果を生まないときに，イライラしてしまいます。

　このように物事の捉え方は，感情に影響します。なかでも，怒りの感情は，

職場の人間関係の調和を乱します。怒りは，自然に湧き出てくるものであり，怒りを表現することが悪いわけではありませんが，過度な怒りは部下を傷つけ，パワハラになってしまうことさえあります。

　そこで，あなたが**怒りと上手く付き合う**ための５つの方法を紹介します。ご自身ができそうな方法を試してみてください。

⑴　「怒りは心の悲鳴だ！」と思い対処する。

　精神科医の水島広子氏の『「対人関係療法」の精神科医が教える「怒り」がスーッと消える本』によると，怒りは「何か問題がある。」ことを教えるくれるサインであり，原因は主に３つあると書かれています。１つめは予定が狂ったときの怒りであり，２つめは心に傷がある怒りであり，３つめは我慢しすぎたことによる怒りだそうです。あなたが怒りを感じたときに，どの怒りなのかを振り返り，客観視することにより，冷静に対処できます。

（予定が狂ったときの怒りの事例と対処法）

　部下に急ぎの仕事を頼んだところ，「忙しいのでできません。」と言われ，イラッとしました。この場合は，「部下の仕事の状況もあるので仕方ないよね。」と思い冷静に対応をします。

（心に傷がある怒りの事例と対処法）

　部長から，「まだ仕事が終わっていないのか。」と言われ，「部長は手伝いもしないくせに・・・。」と，はらわたが煮えくりかえっていました。「どうせ部長は，私のことを無能だと思っているに違いない。」と思い込んで，怒りが増幅していました。この場合は，「仕事が遅いことを指摘されたんだな。」と冷静に受け止めます。

（我慢しすぎたことによる怒りの事例と対処法）

　いつも始業前に職場の掃除をしているところに，部下が始業時間ギリギリに出社して癪に障りました。自分の気持ちをわかってもらえないという怒りがふつふつとわいてきました。この場合は，「始業ぎりぎりでも間に合って良かったよ。」と平常心で対応します。

(2) 「6秒ルール」を活用する。

　怒りのマックスは6秒だといわれています。怒りから注意をそらすためのルーティーンを自分なりに考えてみてはいかがでしょうか。「6秒ルール」を習慣化するためには，あなたが怒りを感じたとき，「イラッとしたら，○○をする。」と，事前にできそうなことを準備しておくと良いでしょう。

　例えば，次のようなことが挙げられますので，試してみたらどうでしょう。

> ○イラッとしたら，お茶を飲む。（ペットボトルのフタを開けて飲むと，約6秒かかります。）
> ○イラッとしたら，深呼吸をする。
> ○イラッとしたら，頭の中で「1，2，3，4，5，6」と数える。

　以前の研修で，警備員の方に，この6秒ルールをお伝えしたことがあります。その方は，当初「こんなことやって意味があるのか。」と半信半疑のようでしたが，「体を鍛えるときは，筋トレをしますよね。心を鍛えるにも，筋トレと同じように練習しなければ上手くなりませんよ。習慣化するには3か月ほどかかりますので，やってみませんか。」とお話をさせていただきました。

　その後，道でばったりお会いしたのですが，「6秒ルールをしたことで，前より怒りが和らいだよ。」とお話されていました。まさに「継続は力なり。」であり，適切な方法で継続することが大切だと痛感しました。

(3) 怒りの日記をつける。

　あなたが最近，怒りを感じたときの出来事，捉え方，温度感，自分の行動を記入してみることをお勧めします。見えないものは，言語化することにより自分がどんなときに，怒りがわいてくるのかを知ることができます。

　例えば，

> 怒りを感じたときの出来事……部下が反対意見を言った。
> 捉　え　方……私は否定された。

温 度 感……80度（80度なので，かなり怒っている状態を示しています。）
　温度と感覚の関係を「100：爆発」「80：怒る」「50：イライラ」「40：不満」「20：残念」を数字で表しています。
自分の行動……怒りがこみあげてきて，部下に対して「勝手にしろ。」と言った。

　この場合は，「自分が否定された。」と感じると，怒りがこみあげてくるのだと客観的に振り返ります。

⑷　イラッとしたらタイムアウトを取る。

　タイムアウトとは，小休止のことを指します。怒りの感情に飲み込まれそうになったら，一旦その場を離れることが有効です。例えば，トイレに行ったり，気分転換に給湯室でお茶を入れるなどして気持ちを切り替えましょう。

⑸　怒りの気持ちを自己開示する。

　攻撃的な態度を取ることは好ましくありませんが，怒りの気持ちを相手にきちんと伝えることで自分の怒りを軽減することができます。

　例えば，「あまりにも腹立たしいので，今は考えがまとまらないし，上手く話せません。明日の朝にもう一度話しませんか。」と言ってその場を離れたり，通話を終了するなどの対応を取ることも有効です。自己開示と時間の経過を味方につけることで，怒りをコントロールすることができます。

3-4　部下との適切な距離感を考える

　はじめて部下を持った場合には，**部下との適切な距離感を考える**ことが必要です。部下との適切な距離感を保つことに難しさを感じているリーダーは，少

なくありません。部下との適切な距離感をはかることができずに困っているリーダーの事例とその対処法について一緒に考えてみましょう。

⑴　部下との関係性が崩れてしまっている

　リーダーが部下に業務を依頼すると，「それは無理です。できません。」と言われ，最初から何もお願いをしていなかったかのような雰囲気になっていたケースがありました。どんどん部下の言動はエスカレートして，プリンターのインクを変えることでさえ，「リーダーの役割でしょう。」と言われてしまい，何も指示ができない状況になってしまいました。これではリーダーが「何でも屋」になってしまうので，勇気を振り絞って業務を依頼すると，「やってくれないなら，仕事を辞めます。」と反論されて滅入ってしまいました。

　ここまで部下と上司の関係性が崩れてしまうと，当事者同士で立て直すことは難しいでしょう。リーダーのさらに上の上司など第三者に入ってもらって，立て直しを考える必要がありそうです。

⑵　部下との距離が近い

　特定の部下と一旦友達付き合いのような関係になると，オンとオフを分けることができません。結果として，その部下を特別扱いしていると周囲からは見えるでしょう。まず，自身が部下との距離を見直すことが大切です。職場においては，公平でオープンな立場を自覚しましょう。

⑶　病院の方針に反する主張をする部下

　看護師のＡさんは，中途採用された看護師のＢさんのことを「新しく採用されたＢさんって，以前同じ職場で働いていたけれど，仕事ができないんです。ろくに看護業務を任せられないんです。」と同じフロアー内のメンバーに噂話をしていました。その噂を聞いてしまったＢさんから，「新しい職場で根拠のない噂話をされるのは嫌です。Ａさんと同じフロアーで働くことができません。」と相談がありました。

そこで，直属の上司のＣさんは，Ａさん・Ｂさんのそれぞれから個別に話を聞くことにしました。ＡさんがＢさんに対する噂話をしていたことは本当だったので，Ｂさんの希望どおりにＡさんと違うフロアーで働いていただくように環境を調整しました。併せて，Ａさんには厳重注意を行い，始末書を書いてもらい，病院としても一件落着しました。

　しかしながら，Ｂさんの心の傷は深く，上司のＣさんに「Ａさんの存在が目障りです。Ａさんを辞めさせることはできないんですか。」などと，たびたび訴えかけてきます。このような場合に，Ｃさんはどのような言葉がけをしたらよいのでしょうか。

　安易に同意をしてしまうと，Ｂさんの不適切な言動が増長されてしまいます。また，場合によってはＢさんのペースに巻き込まれてしまいます。それは，避けなければなりません。そうかといって，「あの話はもう終わったし，今頃何を言うんだ。」と最初から否定してしまうと，次回から相談どころか信用してもらえないこともあります。

　上司のＣさんは，Ｂさんに対して「Ａさんの存在が目障りでこの職場を辞めてほしいと思っているんですね。」と，しっかりと部下の話を受け止めて聞くが，同意はできないことをきちんと伝えることが大切です。Ｂさんとの考え方とは異なりますが，きちんと話を聞いてもらったことで部下の納得感が高まります。

　リーダーの仕事は，企業の理念や目標に向かって業務を行っていきますが，メンバーのなかには，その方針に従わない人もいます。その両方とも矛盾した内容をどのようにうまく統合していくのかが鍵となります。

　今回は，３つのケースを紹介いたしました。はじめて部下を持つリーダーにとって，**部下との適切な距離感を考えるきっかけ**となればうれしいです。

部下の健康，仕事，家族の状況を
理解するために情報収集する

　第4章では，部下の健康，仕事，家族の状況をできるだけ総合的に把握する大切さをお伝えします。なぜならば，職場での部下の一側面を見るだけでは，部下のことを理解することが難しいからです。

　よって，健康，仕事，家族の状況など，部下をあらゆる側面から理解するための情報収集のポイントを詳細に解説しております。それぞれの部下を思い浮かべながら，読み進めていただけるとうれしいです。

4-1 部下の健康，仕事，家族の状況の把握が必要な理由

　リーダーのなかには，職場での部下の一側面だけを見て，部下のすべてをわかったように思っている人がいます。もしくは，部下のプライベートまで立ち入るのは面倒だ，と思っている人も多いようです。

　しかし，部下の健康，仕事，家族の状況に目を向けることで，部下の状況を把握することにつながるのです。**部下を総合的に知ること**が必要な理由は，3つあります。

　1つめは，部下も社外では，個人としてさまざまな役割を持っていることを認識することが大事です。部下は，職業人としてだけでなく，家庭人としての側面もあります。それぞれの家庭では，子育て，親の介護などさまざまな場面を考える必要があります。たびたび遅刻や早退をする理由が親の介護であるとの事情を知らない場合は，仕事を疎かにしているのではないかと早合点してしまうケースもあるからです。

　2つめは，働き方改革に伴う，子育てと仕事，介護と仕事に関する法律や制度を利用するには，部下の健康，仕事，家族の事情を把握することが不可欠です。私の経験では，親の病気や介護で悩んでいる部下に早めに気づくことができれば，各制度やサポートが利用でき，介護離職を避けることができたのではないかと考えらえるケースがあったからです。

　3つめは，近年の判例では，企業の安全配慮義務の範囲も拡大しています。ティー・エム・イーほか事件（東京高裁2015年2月26日判決）によれば，業務に起因しない精神疾患などに関し，会社の労働者の体調管理が不十分だったとして，安全配慮義務違反が認められました。単に「調子はどうか。」などと抽象的に問うだけでは足りず，不調の具体的な内容などを把握し，必要があれば産業医などの診察を受けさせるなどの措置を講ずるべきであったとしています。

　このような理由から，部下の仕事の状況だけでなく，健康や家族の状況など

総合的に情報収集をすることが，より必要となってきました。

4-2 部下の健康の状況を知る 【女性従業員の場合】

女性の健康と働き方を支援する企業は，年々増加しています。

女性は，20代から30代にかけて生理痛に悩まされていることが多いです。また，妊娠・出産により子育てと仕事の両立に苦労されている人も少なくありません。30代後半からの不妊治療や40代後半から更年期障害で悩んでいる方もいます。

生理のトラブルや子宮頸がん，更年期障害など，世代ごとに異なる女性特有の基本的な知識を確かめる『女性の健康検定』（女性の健康とメノポーズ協会）を実施している企業もあります。

それぞれの症状について，気を付ける点を考えてみましょう。

(1) 生 理 痛

労働基準法第68条において「使用者は，生理日の就業が著しく困難な女性が休暇を請求したときは，その者を生理日に就業させてはならない。」と規定されています。本人の請求により，日数や，半日，時間単位で生理休暇を取得することができます。ただし，有給にするのか無給にするのかは会社の規定によりますので，確認しておきましょう。本人が単なる生理痛だと思っていても，PMS（月経前症候群）だったり，子宮筋腫だったりすることがありますので，症状が長引くようであれば婦人科への受診を勧めてください。PMS（月経前症候群）とは，月経前の3〜10日の間に続く精神的，身体的な症状で，月経が始まるとともに症状がおさまったり，なくなったりすることをいいます。

⑵　妊娠・出産

　部下から妊娠していることの報告を受けたら，「迷惑なんだけど・・・。」「忙しいのに休むの。」のような発言は避け，まずは「おめでとう。」とお祝いの気持ちを伝えましょう。それから，具体的に出産予定日や産休予定時期を話し合い，出産前後どのように働きたいのかを確認します。また，職場のメンバーに対しても，どのように伝えてほしいのかを聞いてみましょう。

　また，産前産後には，つわり，貧血，切迫流産などの体調不良になることがありますので，十分に環境に配慮する必要があります。母性保護のツールとして**「母性健康管理指導事項連絡カード」**を活用することも有効です。このカードは，主治医が行った指導事項の内容を，妊婦である部下に対して会社へ的確に伝えるものです。例えば，時差出勤や勤務時間の短縮をしたり，休憩時間の延長や休憩化数の増加などの措置ができます。妊娠や出産に伴う体調の変化や育児に対する不安から精神的に不安になる方もいますので，しっかりと配慮をしましょう。

　周産期（妊娠22週から出生後 7 日未満までの期間）における心理的な問題を早期に見つけるためのツールとしては，**日本版エジンバラ産後うつ病質問票**（Edinburgh Postnatal Depression Scale：EPDS）がありますので，参考にしてください。

母性健康管理指導事項連絡カード

事業主 殿

年　　月　　日

医療機関等名 ------------------------------

医師等氏名 ------------------------------

下記の1の者は、健康診査及び保健指導の結果、下記2～4の措置を講ずることが必要であると認めます。

記

1. 氏名 等

氏名		妊娠週数		週	分娩予定日	年　　月　　日

2. 指導事項

症状等（該当する症状等を○で囲んでください。）

措置が必要となる症状等
つわり、妊娠悪阻、貧血、めまい・立ちくらみ、
腹部緊満感、子宮収縮、腹痛、性器出血、
腰痛、痔、静脈瘤、浮腫、手や手首の痛み、
頻尿、排尿時痛、残尿感、全身倦怠感、動悸、
頭痛、血圧の上昇、蛋白尿、妊娠糖尿病、
赤ちゃん（胎児）が週数に比べ小さい、
多胎妊娠（　　　胎）、産後体調が悪い、
妊娠中・産後の不安・不眠・落ち着かないなど、
合併症等（　　　　　　　　　　　　　）

指導事項（該当する指導事項欄に○を付けてください。）

標準措置		指導事項
休業	入院加療	
	自宅療養	
勤務時間の短縮		
作業の制限	身体的負担の大きい作業(注)	
	長時間の立作業	
	同一姿勢を強制される作業	
	腰に負担のかかる作業	
	寒い場所での作業	
	長時間作業場を離れることのできない作業	
	ストレス・緊張を多く感じる作業	

(注)　「身体的負担の大きい作業」のうち、特定の作業について制限の必要がある場合には、指導事項欄に○を付けた上で、具体的な作業を○で囲んでください。

標準措置に関する具体的内容、標準措置以外の必要な措置等の特記事項

3. 上記2の措置が必要な期間

（当面の予定期間に○を付けてください。）

1週間（　　月　　日～　　月　　日）	
2週間（　　月　　日～　　月　　日）	
4週間（　　月　　日～　　月　　日）	
その他（　　月　　日～　　月　　日）	

4. その他の指導事項

（措置が必要である場合は○を付けてください。）

妊娠中の通勤緩和の措置（在宅勤務を含む。）	
妊娠中の休憩に関する措置	

指導事項を守るための措置申請書

年　　月　　日

上記のとおり、医師等の指導事項に基づく措置を申請します。

所属 ------------------------------

氏名 ------------------------------

事業主　殿

1

この様式の「母性健康管理指導事項連絡カード」の欄には医師等が、また、「指導事項を守るための措置申請書」の欄には女性労働者が記入してください。

（参考）症状等に対して考えられる措置の例

症状名等	措置の例
つわり、妊娠悪阻	休業（入院加療）、勤務時間の短縮、身体的負担の大きい作業（長時間作業場を離れることのできない作業）の制限、においがきつい・換気が悪い・高温多湿などのつわり症状を増悪させる環境における作業の制限、通勤緩和、休憩の配慮　など
貧血、めまい・立ちくらみ	勤務時間の短縮、身体的負担の大きい作業（高所や不安定な足場での作業）の制限、ストレス・緊張を多く感じる作業の制限、通勤緩和、休憩の配慮　など
腹部緊満感、子宮収縮	休業（入院加療・自宅療養）、勤務時間の短縮、身体的負担の大きい作業（長時間の立作業、同一姿勢を強制される作業、長時間作業場所を離れることのできない作業）の制限、通勤緩和、休憩の配慮　など
腹痛	休業（入院加療）、疾患名に応じた主治医等からの具体的な措置　など
性器出血	休業（入院加療）、疾患名に応じた主治医等からの具体的な措置　など
腰痛	休業（自宅療養）、身体的に負担の大きい作業（長時間の立作業、同一姿勢を強制される作業、腰に負担のかかる作業）の制限　など
痔	身体的負担の大きい作業（長時間の立作業、同一姿勢を強制される作業）の制限、休憩の配慮　など
静脈瘤	勤務時間の短縮、身体的負担の大きい作業（長時間の立作業、同一姿勢を強制される作業）の制限、休憩の配慮　など
浮腫	勤務時間の短縮、身体的負担の大きい作業（長時間の立作業、同一姿勢を強制される作業）の制限、休憩の配慮　など
手や手首の痛み	身体的負担の大きい作業（同一姿勢を強制される作業）の制限、休憩の配慮　など
頻尿、排尿時痛、残尿感	休業（入院加療・自宅療養）、身体的負担の大きい作業（寒い場所での作業、長時間作業場を離れることのできない作業）の制限、休憩の配慮　など
全身倦怠感	休業（入院加療・自宅療養）、勤務時間の短縮、身体的負担の大きい作業の制限、休憩の配慮、疾患名に応じた主治医等からの具体的な措置　など
動悸	休業（入院加療・自宅療養）、身体的負担の大きい作業の制限、疾患名に応じた主治医等からの具体的な措置　など
頭痛	休業（入院加療・自宅療養）、身体的負担の大きい作業の制限、疾患名に応じた主治医等からの具体的な措置　など
血圧の上昇	休業（入院加療・自宅療養）、勤務時間の短縮、身体的負担の大きい作業の制限、ストレス・緊張を多く感じる作業の制限、疾患名に応じた主治医等からの具体的な措置　など
蛋白尿	休業（入院加療・自宅療養）、勤務時間の短縮、身体的負担の大きい作業の制限、ストレス・緊張を多く感じる作業の制限　など
妊娠糖尿病	休業（入院加療・自宅療養）、疾患名に応じた主治医等からの具体的な措置（インスリン治療中等への配慮）　など
赤ちゃん（胎児）が週数に比べ小さい	休業（入院加療・自宅療養）、勤務時間の短縮、身体的負担の大きい作業の制限、ストレス・緊張を多く感じる作業の制限、通勤緩和、休憩の配慮　など
多胎妊娠（　　胎）	休業（入院加療・自宅療養）、勤務時間の短縮、身体的負担の大きい作業の制限、ストレス・緊張を多く感じる作業の制限、通勤緩和、休憩の配慮　など
産後体調が悪い	休業（自宅療養）、勤務時間の短縮、身体的負担の大きい作業の制限、ストレス・緊張を多く感じる作業の制限、通勤緩和、休憩の配慮　など
妊娠中・産後の不安・不眠・落ち着かないなど	休業（入院加療・自宅療養）、勤務時間の短縮、ストレス・緊張を多く感じる作業の制限、通勤緩和、休憩の配慮　など
合併症等（自由記載）	疾患名に応じた主治医等からの具体的な措置、もしくは上記の症状名等から参照できる措置　など

（出典） 厚生労働省：妊娠出産・母性健康管理サポート『母健連絡カードについて』

質問票の使い方②

質問票Ⅱ エジンバラ産後うつ病質問票（EPDS）

母親の抱える様々な問題を明らかにすることができます。
うつなのか不安なのか、症状の持続期間や程度、家事・育児機能の評価をします。

> 産後の気分についておたずねします。あなたも赤ちゃんもお元気ですか。
> 最近のあなたの気分をチェックしてみましょう。今日だけではなく、過去7日間にあなたが感じたことに最も近い答えに〇をつけて下さい。必ず10項目全部に答えて下さい。

うつ項目

1 笑うことができたし、物事のおもしろい面もわかった。
（0）いつもと同様にできた。
（1）あまりできなかった。
（2）明らかにできなかった。
（3）全くできなかった。

2 物事を楽しみにして待った。
（0）いつもと同様にできた。
（1）あまりできなかった。
（2）明らかにできなかった。
（3）ほとんどできなかった。

[全問共通の留意事項]
1点以上の項目については、「どんな時か」、「どんな気持ちか」、「どのくらいの頻度か」、「サポートを求めたか」などのことを必ず聴きます。

臨床的うつ病診断項目のひとつです。「どういうことができないのですか?」など具体的に質問します。

育児不安項目

3 物事がうまくいかない時、自分を不必要に責めた。
（3）はい、たいていそうだった。
（2）はい、時々そうだった。
（1）いいえ、あまり度々ではなかった。
（0）いいえ、全くなかった。

4 はっきりした理由もないのに不安になったり、心配したりした。
（0）いいえ、そうではなかった。
（1）ほとんどそうではなかった。
（2）はい、時々あった。
（3）はい、しょっちゅうあった。

5 はっきりした理由もないのに恐怖に襲われた。
（3）はい、しょっちゅうあった。
（2）はい、時々あった。
（1）いいえ、めったになかった。
（0）いいえ、全くなかった。

6 することがたくさんあって大変だった。
（3）はい、たいてい対処できなかった。
（2）はい、いつものようにはうまく対処できなかった。
（1）いいえ、たいていうまく対処した。
（0）いいえ、普段通りに対処した。

産後うつ病でなくても、多忙の時などに得点が高くなることがあります。「不必要に」「理由もなく」がキーワードです。

集中力がなくなり、判断できなくなるうつ病の症状について質問しています。

うつによる睡眠障害

7 不幸せな気分なので、眠りにくかった。
（3）はい、ほとんどいつもそうだった。
（2）はい、時々そうだった。
（1）いいえ、あまり度々ではなかった。
（0）いいえ、全くなかった。

うつ病による睡眠障害を質問しています。
「夜中に赤ちゃんのために何回起きますか?」
「横になってから眠りにつくまでに時間がかかりますか?」
「朝早く目覚めてしまいますか?」
「眠れないことですごく疲れていますか?」
「昼間に時間があれば睡眠をとることができますか?」
など不眠の状況を総合的に把握します。

5

うつ項目

8　悲しくなったり，惨めになったりした。
　　（３）はい，たいていそうだった。
　　（２）はい，かなりしばしばそうだった。
　　（１）いいえ，あまり度々ではなかった。
　　（０）いいえ，全くそうではなかった。

> どういう状況の時に，どんな頻度でなるのか，サポートを求めたかを聴いていきます。本人にもわからないけれども，1日の大半で悲しくなったり，涙が出たりするのはうつ病の母親が経験する抑うつ症状です。

9　不幸せな気分だったので，泣いていた。
　　（３）はい，たいていそうだった。
　　（２）はい，かなりしばしばそうだった。
　　（１）ほんの時々あった。
　　（０）いいえ，全くそうではなかった。

10　自分自身を傷つけるという考えが浮かんできた。
　　（３）はい，かなりしばしばそうだった。
　　（２）時々そうだった。
　　（１）めったになかった。
　　（０）全くなかった。

> 1点以上の場合は内容を具体的に聴きます。
> 「最近，一番そのような気持ちになったのはどんな状況でしたか?」
> 「実際にどんな考えが浮かびましたか?」
> 「そんなに辛い気持ちになったことを後で，夫や家族に話しましたか?」
> などのように具体的な状況を聴きとります。

［出展］Cox J. L., Holden J. M. & Sagovsky R. Detection of postnatal depression. Development of the 10-item Edinburgh Postnatal Depression Scale (British Journal of Psychiatry, 150, 782 -786. 1987)
［日本語版］岡野禎治,村田真理子,増地聡子他:エジンバラ産後うつ病自己評価票(EPDS)の信頼性と妥当性　(精神科診断学, 7: 525-533. 1996)
日本語版の使用については下記の文献を参照してください。
　　John Cox, Jeni Holden 著　岡野禎治,宗田聡 訳:産後うつ病ガイドブック　−EPDSを活用するために-　(南山堂,2006)

1　結果の評価
　▷ 以下の①～③の項目のいずれかに該当すればカンファレンスを行い，家庭訪問，電話相談等による継続的なフォローが必要です。(ここでは「エジンバラ産後うつ病質問票」を「EPDS」と表記します。)

① EPDSの合計得点が9点以上	② EPDSの質問10が1点以上	③ 産後の気分の変化が続いている

　▷ 高得点者には継続訪問の際も状況に応じて「エジンバラ産後うつ病質問票(EPDS)」を使い，経過を見る指標として利用します。
　▷ 産後うつ病だけでなく，何らかの精神的な問題を抱えるために育児に支障をきたし，虐待のリスクを持つ母親も高得点になることが考えられます。
2　留意事項
(1)　使用方法
　▷ 対象者には点数の入っていないシートに記入してもらい，結果(点数)の良否は伝えません。
(2)　点数の解釈に当たっての注意点(点数と面接時の印象が非常に異なる場合)
　▷ 高得点なのに臨床的には問題なさそうに見える場合は，質問が理解できない，真剣に回答していない，日によって非常に気分が違うなどの場合が考えられます。
　▷ 低得点なのに表情が非常に硬いような場合は，産後うつ病の可能性を視野に丁寧に観察してください。
(3)　うつ病以外の病態
　▷ 統合失調症，神経症圏の場合でも「エジンバラ産後うつ病質問票(EPDS)」の結果が高得点を示すことがあります。20点以上ではうつ病状態に加えて，摂食障害，アルコール依存，人格障害など，他の病理が加わってくることもあります。このように病理が複雑な場合は，メンタルヘルスの専門家の診察を受けることが必要です。

（出典） 長野県精神保健福祉協議会：『産後うつ病早期発見対応マニュアル―保健・医療従事者のために―』

⑶　不妊治療

　不妊治療を受けながら働き続けることを相談されたら，どのような方法の治療を受けて，どのように仕事との両立をはかるのかについての思いを傾聴し，現状を理解しましょう。治療は，身体的・精神的な負担を伴い，体調不良も発生することがありますので，相談をしながら進めることが必要です。また，センシティブな情報なので，周囲にどこまで話してよいのかも相談しましょう。

⑷　更年期障害

　更年期障害は，女性ホルモンの分泌が急激に減少することで起こります。肩こり，腰痛，大量な発汗などの症状を起こし，個人差があります。その症状が長く続くと，うつ病を引きおこすケースもあります。体調不良などが顕著なときには，本人と話をして医療機関等につなぐ等の対応をとりましょう。

　上司が男性の場合は，部下の生理痛，産前産後の体調不良，不妊治療，更年期障害についてはデリケートな話なので，対応しづらいと感じている人が多いのではないでしょうか。部下の女性は，「生理痛って，そんなに苦しいのか。」「ただ甘えているだけじゃないのか。」「更年期障害って，病気なのか。」などと思われて理解されないのではないかと，実は不安を感じています。上司から「体調悪そうだけど，どうしましたか。」のように部下を気遣っていることを伝えて，相談しやすい雰囲気を作ることが必要です。

　上司が女性の場合は，部下から症状について相談あったときに，良かれと思って「私の場合はね。」と経験談を話し，部下の話を最後まで聞かずに遮っている方を時々見かけます。それぞれの症状は個人差がありますので，部下の話にきちんと耳を傾けるように心掛けます。結果として，部下は安心感が湧き，お互いの信頼関係が深まります。

　また，部下が他のメンバーに症状を伝えずに，たびたび遅刻や早退，休んだりすると，他のメンバーが不審に思って仕事がしづらいケースがあります。その場合は，どこまでメンバーに伝えていいのかを事前に確認してから，他のメンバーと共有するとよいでしょう。

4-3 部下の健康の状況を知る
【高齢の従業員の場合】

　高齢者の従業員に対しては，常に健康状態に気を配ることが大切です。動体視力，体力や筋力，判断力などの低下により，仕事中の事故につながることがあります。

　例えば，私が関与した企業では，車の移動中にヒヤリとする案件がありました。高齢の従業員がカーブを右折するときに，タイミングが遅れて対向車と接触してしまいました。その方は，免許を取得してから45年間無事故の方でしたので，かなりショックを受けておられましたが，とにかく大事故にならずに済んでよかったと思います。また，別の事例としては，高齢による視力低下と視野狭窄からあまり見えていないのにもかかわらず，介護施設で送迎を担当されていた方がいました。そのことは，同僚が不審に感じて所属長に相談したことで解決に向かいました。それ以降，一緒に働いているメンバーが助手席で違和感があったときは，報告をしてもらうことになりました。

　業務に支障が出ていると周囲が思ったら，まずは，医療機関につなぐことが大切です。とくに，高齢の従業員は，持病を抱えている方も多いので，本人の希望があれば，病院に通院するための配慮なども必要です。

　少し専門的になりますが，知能には，**「流動性知能」**と**「結晶性知能」**の2種類があります。まず流動性知能とは，新しい場面への適応を必要とする際に働いたり，臨機応変に問題を解決する創造的な知能のことをいいます。スピードや柔軟性が求められる知能といえます。一方，結晶性知能は，過去の学習経験を積み重ねることで得られた判断力や習慣のことをいいます。

　流動性知能は，老化に伴い著しく低下しますが，結晶性知能は，培ってきた経験値をもとに効率的に作業を進める働きをします。わかりやすい例では，企画などの提案について経験から上手く作業を進めることができても，テレワークで，最近のオンラインツールを使いこなすような流動性知能の活用は苦手であったりします。このような場合は，苦手な部分よりも得意な部分で力を発揮

してもらい，苦手分野は他のメンバーに補完してもらうなどの配慮が必要でしょう。

<table>
<tr><td>4-4</td><td>部下の健康の状況を知る
【治療と仕事を両立している場合】</td></tr>
</table>

病気を抱えている部下は，病気，生活，仕事について，さまざまな不安を感じています。

○今までのように仕事を継続していきたいが，体力的に大丈夫だろうか。
○このまま働けなくなってしまったら，経済的にも大丈夫だろうか。
○このまま仕事を続けたら，職場のメンバーに迷惑をかけるのではないだろうか。

主治医などの医療機関は，病気や治療については知っていますが，それぞれの職場の作業内容，制度などについては知りません。一方，職場のメンバーは，仕事の内容についてはわかりますが，病気のことはほぼわからないので，職場でどのようなことを配慮したらよいのかがわかりません。そのため現在，国は，医療機関と職場の架け橋になる両立支援コーディネーターの育成を行っており，その役割が期待されています。社内に，両立支援コーディネーターが置かれていない場合は，主治医と職場の両方を調整する役割の総務部などの社内の窓口と連携することが大切になります。

それでは，**部下が病気にかかった場合に配慮すべき点**を，次に挙げます。

(1) が　　ん

がんの治療法には，内視鏡治療や外科的切除による手術療法，薬物療法，放射線治療があります。進行の程度により治療法が変わりますので，治療を優先させて，可能な範囲で仕事の両立を図ります。

　がんと診断されると，どうしてもメンタル不調に陥る場合があります。個人差はありますが，できる限りきめ細やかにフォローをしましょう。

　がんによって対応の仕方も異なります。何が本人に必要なのかを考えましょう。例えば，大腸がんの場合は，人工肛門や人口膀胱などのストーマのケアが必要なので，トイレやドアに近い席にするなどの配慮が考えられます。

⑵　糖　尿　病

　糖尿病は，わが国において年々増加の傾向にあります。名前を聞いたことはあっても，どんな病気なのかを知らない方も多いのではないでしょうか。糖尿病とは，血糖を下げる作用があるインスリンというホルモンの作用不足により血液のブドウ糖（血糖）が増え続ける病気のことをいいます。ブドウ糖が多い，つまりは血糖値が高いことで，血管や血液の状態が悪化し発症する病気です。口渇，多飲，多尿，全身倦怠感，体重減少，空腹感，疲れやすいなどの症状があります。

　糖尿病には，１型糖尿病と２型糖尿病があります。１型糖尿病は，若年発症が多く生活習慣と関係しません。一方の２型糖尿病は，中年期以降に起こりやすく，生活習慣と遺伝が関係しているといわれています。

　部下が糖尿病の場合は，病院に定期的に通院することが多いので，通院のための時間を確保するなどの配慮が必要です。糖尿病は視力障害や血液透析などの重度の合併症を生じる場合がありますので，部下と個別に労働時間の短縮や深夜業の制限などの措置が必要かどうかを確認します。また，無自覚性低血糖発作のある部下の場合は，リスクを伴うため運転や危険作業の業務は避けましょう。

⑶　脳　卒　中

　脳卒中には大きく分けると，３つあります。脳の血管が詰まる「脳梗塞」，脳内にある細い血管が破れて出血する「脳出血」，脳の表面にある比較的太い血管のこぶが裂けて起こる「くも膜下出血」があります。それぞれは，急性に

発症するという特徴があります。定期的な通院で済む場合もあれば，病気として落ち着いて体調が良くなっても，運動麻痺や感覚障害，認知機能の低下といった障害が残る場合もあります。

脳卒中後の障害については，3パターンあり，①手足の運動麻痺のように本人も周囲も一見してわかる障害，②感覚障害のように本人は自覚しているが周囲にはわかりいくい障害，③認知障害のように周囲が何となく気付いているが理解しにくく，本人の自覚が乏しい障害（高次脳機能障害）です。

①のように周囲にわかりやすい障害と，②や③のように周囲にはわかりにくい障害がありますので，本人から情報を収集し，個人情報に十分に配慮しながら職場で共有します。障害の種類や程度により，合理的な配慮が必要になります。例えば，ふらつきがある場合は，高所作業や移動しながらの作業が少ない作業に変更するなどの対応をします。

⑷ 肝 疾 患

慢性の肝疾患は，軽症の場合は無症状のことが多く，重症になってはじめて倦怠感，黄疸，腹水，意識障害などの症状が生じます。定期的な通院や入院治療を要する場合がありますので，配慮が必要です。

また，慢性化するB型やC型肝炎ウイルスは血液を介して感染しますが，就業活動の範囲内ではほぼ感染しないといわれています。職場の周囲のメンバーに対して正しい肝疾患に対する知識を説明し，不要な偏見を招かないように注意が必要です。

⑸ 難 病

難病とは，原因がわからず，治療法も確立していない病気をいいます。代表的な疾患として，潰瘍性大腸炎やパーキンソン病などがあります。難病は300疾患を超えていますので，部下と話し合い個別に対応します。

外見からわかりにくい症状が多いため，職場の理解を得にくい場合がありますので，個人情報に留意しながら，周囲のメンバーに理解を求めることが必要

部下の健康，仕事，家族の状況を理解するために情報収集する

です。

4-5 部下の健康の状況を知る 【メンタル不調の場合】

　人が生涯に1度はうつ病になる割合は，15人に1人といわれています。コロナ禍の影響により，メンタル不調者はさらに増加しています。リーダーが健康管理上で担う役割としては，3L（LOOK・LISTEN・LINK）があります。

　まずは，**LOOK**で，部下を見ることです。部下の不調に気づくためには，普段からの気づきが大切です。例えば，服装の乱れや，いつもより元気がないことに気づくことが重要です。気づいたら，「いつもと違い元気がないようだけれども，少し話しませんか。」などと声がけをします。

　できれば30分以上の時間が取れるときに個室で話せるようにします。「次の仕事があるので，また・・・。」との返事になれば，次にいつ話ができるかわからないからです。個室で話すことで，安心して話せる環境を提供し，センシティブな情報を話しても他のメンバーに漏れないような環境で対話をすることが大切です。

　次に，**LISTEN**で，部下の話を聞くことです。部下の話を遮らずに，相手の気持ちに寄り添って話を聴くように心掛けましょう。**第1章**の「1-5　部下の話に耳を傾け，問いかける」（9〜11ページ）の部分に詳しく解説してありますので，参考にしてください。

　さらに，**LINK**です。必要であれば，医療機関もしくは社内の健康管理室や産業医につなぐことです。

　優秀なリーダーほど部下の不調に気づき，部下の話を聞き，医療機関などにつなぐまでの期間が短く，迅速に対応している傾向にあります。その結果，部下のメンタル不調の状態がまだ軽い状態のときに処置をとることができますので，大事に至らないことが多いです。一方，腫れ物に触るかのように部下と接

触し，どうしてよいのかがわからずにしばらく放置している間にメンタル不調が重くなってしまい，部下が長期にわたり精神疾患で苦しんでいるケースもあります。

4-6 部下の健康の状況を知る 【発達障害傾向の場合】

発達障害とは，脳の機能的な問題が関係して生じる疾患であり，発達期においてさまざまな場面で機能障害がみられる状態をいいます。代表的なものとして，ASD（自閉症スペクトラム）やADHD（注意欠陥・多動性障害）があります。それぞれの職場での課題を挙げます。

（ASDと職場での課題）
○対人関係や社会性に問題があり，対人関係が上手く構築できなかったり，チームワークを取ることが苦手。
○コミュニケーションが難しく，話がかみ合いにくかったり，他人の配慮に気づきにくく，あいまいな状況が苦手。
○想像力にも課題があり，類似した問題に応用がききにくく，急な変更や緊急の業務などに臨機応変に対応することが苦手。

（ADHDの就労上の課題）
○忘れっぽく，不注意の特徴があり，業務の優先順位がつけにくかったり，整理整頓が苦手な傾向にある。また，集中しづらかったり，逆に集中しすぎる場面も見られる。
○多動性から，落ち着いてじっくりと業務に取り組めないときもある。
○衝動的に考えるよりも先に動いてしまったり，人の言動を遮ってしまう。

部下に発達障害傾向を感じたとしても，まずは，偏見を持たないことが大切です。最近では，発達障害に詳しいリーダーもいますが，発達障害の診断ができるのは医師だけです。「彼は，発達障害だ。」などと，勝手な決めつけは避け

るべきです。

　部下が発達障害傾向を持っている場合は，その特性は変わらないのですが，次のように，上司は部下に対する**指示の仕方や環境を調整する**ことで，部下は自分の能力を発揮しやすくなります。

① 　指示の仕方をできるだけ具体的にいう。

【事例1】

（改善前）「例の件，どうなりましたか？」

（改善後）「先週Aさんに購入を検討してもらった資材の見積の件だけれど，見積書は届いていますか？」

（ポイント）相手が察してくれるだろうと思って対話せずに，できるだけ具体的に伝えます。

【事例2】

（改善前）「納期が迫っているので，できるだけ早くお願いします。」

（改善後）「3月15日15時までに，この作業を終えてください。納期の変更があった場合は，また伝えます。」

（ポイント）部下に期限を任せたままにするのではなく，リーダーが主導で少し早めの期限を設定します。また，業務の変更がある場合は，余裕をもって変更の可能性があることを伝えます。

【事例3】

（改善前）「自分の好きなようにやってくれたらいいから。」

（改善後）「本日の12時まではAの作業をやって，13時からはBの作業に取り掛かってください。」

（ポイント）業務マニュアルがある場合は，マニュアルを基準として指示を与えます。業務マニュアルがない場合は，業務を細分化し，小出しに少しずつタイミングをみながら指示を行います。

② 　視覚的に伝える。

　口頭だけで伝わりにくい場合は，ホワイトボードやノートに書いて説明を行います。写真などを活用したマニュアルを作成し，見やすい場所に提示することも効果的です。

③　環境を調整する。

　　複数の人から指示をされると，部下が混乱する場合がありますので，業務により担当を付けます。リーダーは，定期的に，本人と面談し，仕事の悩みや体調などについて把握をして，仕事のフィードバックを行います。

　以上のように，部下の特性を知ろうと努力し，部下が仕事をしやすいように，指示の仕方を工夫し，環境を整えていきます。

4-7　部下の健康の状況を知る
【テレワークでの健康管理】

　テレワークでは，部下と直接会う機会が少なくなり，通常の健康管理が難しくなりますので，次のような対策をします。

① 　健康相談体制がある場合は，担当者や窓口などの連絡先を社内に周知徹底する。
② 　職場のメンバーの中で疲れていそうな人がいたら，気づいた人から教えてもらえる仕組みづくりを作る。
③ 　健康診断の結果が好ましくなく，労働時間が長い人には特に留意する。
④ 　時にはモニターをオンにして会議の機会を作り，顔色などを確認する。
⑤ 　文章の乱れやミスが多くないかどうかをチェックする。

4-8 部下の健康の状況を知る 【「建災防方式健康ＫＹ」で健康リスクを把握】

　部下の健康リスクを把握するための方法として，「建災防（建設業労働災害防止協会）方式健康KY（危険予知）」があります。手法を学び，アレンジして用いるとよいでしょう。

　次のような手順になります。

---

① 部下の日頃の健康状態をしっかり把握するために，３つの質問をします。

「よく眠れましたか。」「おいしく食べましたか。」「体調はどうですか。」の睡眠，食欲，身体に関する質問をします。

② 状態が良くないなど，元気がなさそうな場合は，次の質問をします。

（睡眠に関する質問）

　この1週間のあなたの睡眠について伺います。

1　寝つくまでに30分以上かかることが，時々ある。

2　毎日のように，寝つきが悪い。

3　夜中に目が覚めることがあるが，再び寝つける。

4　夜中に目が覚め，寝床を離れることが多い。

5　普段より早朝に目が覚めるが，もう一度寝る。

6　普段より早めに目が覚め，そのまま起きていることが多い。

（評価法）

　あてはまる項目……1，3，5＝各1点，2，4，6＝各２点で加算（「なし」は０点）

【あなたの睡眠スコアは】（　　　　　）点

　「睡眠スコア」実施の結果，総点数が３点以上の場合は，健康管理室などにつなぎます。また，「睡眠スコア」の総点数が３点未満の場合は，様子を見ます。

（出典）建設業労働災害防止協会『建災防方式健康KY』を参考にして加工

4-9 部下の健康の状況を知る 【睡眠の問題とプレゼンティーズム】

　プレゼンティーズムとは，**疾病就業**のことです。最近では，プレゼンティーズムによる集中力や意欲の低下によって職場の生産性低下に大きな影響を与えており，問題になっています。なかでも，睡眠の問題は，大きく次のような症状あります。

（睡眠不足症候群）

　慢性的に睡眠が不足しているにもかかわらず，本人が気づかず，およそ3か月以上も深刻な眠気に悩んでいる状態をいいます。子育てと仕事を両立している方，残業が非常に多い方，ゲームなどで夜更かしをする習慣がある方などは，特に注意が必要です。

（睡眠時無呼吸症候群）

　睡眠時無呼吸症候群は，眠りはじめると一時的に呼吸が止まってしまう病気です。深い眠りにつくことができず，日中に強い眠けが出てきます。いびきがひどかったり，生活習慣病を持っている場合で，昼間に眠りそうな傾向があれば，病院で調べてもらう必要があります。

（ナルコレプシー）

　日中に突然強い眠気が出現して，眠り込んでしまう病気です。会議中に激しい眠りに襲われて眠り込んでしまうので，怠けていると誤解される場合があります。

　このような睡眠の症状は，職場でのミスが目立つだけでなく，居眠り運転で重大な事故を起こすケースがあります。部下が車を運転する業務の場合は，「睡眠のことぐらいで」と思わずに，その部下から事情を聞き，注意を促します。何度注意しても症状がひどい場合には，医療機関につなぐ必要があります。

4-10 部下の仕事の状況を知る
【経歴を知る】

　部下のこれまでの職務の内容，所属していた部署，免許や資格，学習，訓練歴を，わかる範囲で確認します。職務で何を学んだのか，どんな能力が身についたのかを確認します。その情報をもとにして，仕事の割り当て，人材育成や部下への権限移譲などに活用できます。

4-11 部下の仕事の状況を知る
【業務を知る】

　令和3年「労働安全衛生調査（実態調査）」によると，仕事や職業生活に関することに，強い不安やストレスを感じている労働者の割合は53.3％となっています。ストレスとなっている内容として，「仕事の量」が43.2％と最も多く，次いで「仕事の失敗，責任の発生等」が33.7％，「仕事の質」が33.6％となっています。つまり，**仕事の量や質に対してストレスを抱えている**といえるでしょう。

　仕事を任せたり，割り当てたりするときは，部下の経歴や能力を見極めて行います。背伸びをして少し上の目標を掲げるといったストレッチ目標を与えることは，部下の成長につなげることができますが，適切なフォローアップが大切です。ストレッチ目標が適切な業務量や質なのかどうかも踏まえて検証します。業務が変わり，目立って残業時間が増加したときは，なぜ長時間労働になっているのかという原因を確認します。

4-12 部下の仕事の状況を知る 【残業時間を調べる】

　1か月の労働時間が45時間を超えると**健康被害のリスク**が徐々に高まり、2か月から6か月の平均で60時間から80時間でリスクは相当程度高くなり、100時間になると非常に大きなリスクがあるといわれています。健康リスクを軽減するためには、部下の残業時間を定期的に調べることをお勧めします。

　例えば、あなたの職場において「残業時間が45時間を超えた部下に対しては、面談を行います。」などと決めておきます。残業時間は1か月当たり45時間より短い時間で設定するとよりよいでしょう。ある企業では、残業時間が20時間を超えたら、直属のリーダーと面談を行うことにしました。なぜ面談が有効なのかは、個々の理由によって対応が異なるからです。

> ① **部下の個人的な理由**
> 　「家庭に居場所がないので、長時間職場にいたいから。」「生活給として残業が必要だから。」などがあります。
> ② **職場の風土による理由**
> 　「先輩より先に帰りづらいから。」などがあります。
> ③ **業務の改善が求められる理由**
> 　「仕事が1人に集中しているから。」「自分の能力より著しく高いスキルを求められて、どう対応したらいいのかわからないから。」などがあります。

　個別に理由を聞いて適切な対策を行うと、長時間労働が減ってくることでしょう。特に、生活習慣病を持っており、残業時間が長い人は、健康リスクも高まりますので、注意が必要です。

4-13 部下の仕事の状況を知る 【大切にしている価値観を知る】

　部下が仕事をするときに大切にしている価値観を知ることは，とても重要です。価値観を知ることで，部下の仕事のやる気を高めることができます。ここでは，2つの方法を紹介します。

　1つめの方法は，**自分の生き方を形成した価値観，好み**です。

　エドガー・H・シャインは，個人がキャリアを形成する際に絶対に譲れない価値観のことを「キャリアアンカー」と呼び，次の8つタイプに分けています。部下の価値観を知るために，どのタイプの優先順位が高いのか低いのかをチェックしてもらいましょう。価値観が最も当てはまるときは「1」，最も価値観が当てはまらないときは「8」とします。そうすると，部下が大切にしている価値観の傾向を知ることができます。

タイプ	説　明	順　番
① 専門的能力	特定の分野に特化して高い能力を発揮することに喜びを感じるタイプ。	
② 経営管理能力	出世志向が強く，組織を統括する能力を発揮し，経営者を目指すタイプ。	
③ 保障／安定	変化の激しい環境を好まず，長期的に安定した環境で堅実に仕事に臨みたいタイプ。	
④ 起業家的創造性	新しい製品やサービスを生み出したり，一から起業したり，創造性を発揮して成功をつかみたいタイプ。	
⑤ 自立（自律）／独立	独自のやり方や自分のペースを大事にし，自由度の高い環境を臨むタイプ。	
⑥ 社会貢献	医療，福祉，教育などを通じて，よりよい社会に貢献したいと考えるタイプ。	
⑦ 調和	仕事と子育て，仕事とプライベートなどのバランスを優先するタイプ。	

⑧チャレンジ	ハードルが高いほどやりがいを感じ，不可能を可能にすることに喜びを感じるタイプ。	

(出典)：富士通エフ・オー・エム株式会社著作／制作FOM出版『仕事力を身に付ける20のステップ』

　2つめの方法として，ドナルド・E・スーパーよる働く価値観の尺度にリクルートワークス研究所の調査研究を加味して作成した**「人が働く上で感じる29の価値観」**が参考になります。

※ Super,D.E. & Nevill, D.D.（1985）The values scale, Consulting Psychologists Press を参照。

人が働く上で感じる29の価値観

1	自分の能力を活かせる仕事をすること
2	良い結果がうまれたという実感を得ること
3	昇進できること
4	自分の美学にかなっていること
5	人の役に立てること
6	大きな意思決定ができるような権限，権威を持つこと
7	自分なりのやり方で，自由に仕事をすすめること
8	新しいことを発見したり，発展させたり，考え出したりすること
9	高い収入を得ること
10	自分自身が望んだ生活をできること
11	仕事を通じて自身が成長できること
12	仕事において，身体を使って活動すること
13	自分の仕事が他の人々から認められること
14	わくわくするような体験をすること
15	さまざまな人と交流する機会があること
16	気の合う仲間と一緒にいること
17	いろいろな種類の活動をすること
18	仕事をする場が快適であること

19	一所懸命に身体を使って仕事をすること
20	職業が安定して，将来に不安のないところで働くこと
21	会社の成長に貢献すること
22	社会の役に立つこと
23	毎日働くことで生活のリズムがつくこと
24	幸せな家庭生活を実現すること
25	自分の経験や技術を他者に伝える機会があること
26	自分自身の専門性を高めること
27	無理なく仕事ができること
28	効率よく対価を得ること
29	仕事において自身の責任を果たすこと

注：1から20までは，中西・三川（1988）「職業（労働）価値観の国際比較に関する研究―日本の成人における職業（労働）価値観を中心に」を参考にドナルド・E・スーパーが整理した価値観を列挙。21から29までは，リクルートワークス研究所が行った価値観調査の自由記述欄にみられたいくつかの価値観を採用している。

　上記の「人が働く上で感じる29の価値観」のうち，価値観の高いものと価値観の低いものを部下に3つずつ選んでもらい，その理由などを知ることで部下の価値観を把握することができます。

【高い価値観と理由】

価値観の高いもの	選んだ理由
①	
②	
③	

【低い価値観と理由】

価値観の低いもの	選んだ理由
①	
②	
③	

人材育成において**部下の長所を伸ばす**ことは，上司の仕事であるといえます。まずは，部下の長所を見つけてみましょう。部下の長所を見つけることがなかなか難しいと思う人は，「ネガポ辞典」を活用するとよいでしょう。

ネガポ辞典とは，短所を長所に一発変換する無料アプリであり，スマホで簡単にダウンロードして活用できます。高校生が開発に携わったことで話題になりましたので，若い世代の部下に対して特に有効に活用できるのではないでしょうか。

例えば，次のような感じで出てきます。

【事例 1 】

（変換前）無気力

（変換後）○肩の力がほどよく抜けている（良い感じにリラックスできているので，ストレスが溜まりづらい。）

○己が真に夢中になれるものを探し求めている旅人（何もやっていないように見えるときも，アンテナを広げて興味が持てそうなものを探している。）

○充電中（いつか自分が夢中になりたいと思うものが見つかったときのために，エネルギーを蓄えている。）

○おだやか，プレッシャーを感じない（暑苦しいプレッシャーを感じないで済む。）

（ネガポ実用例）

（変換前）「お前は本当に，何に対しても無気力だな。少しは周りをみならえ！」

（変換後）「お前のそういう何に対しても肩の力が抜けているところ，良いと思う。」

【事例２】

（変換前）八方美人

（変換後）○フレンドリー（人との付き合いが上手で，誰とでもすぐに仲
　　　　　　良くなれる。）

　　　　　○愛想がいい。（人に好感を持たれるような行動ができる。）

　　　　　○気配り上手（相手に対してきちんと心遣いや配慮ができる。）

（ネガポ実用例）

（変換前）「そういう八方美人な態度はどうかと思う。」

（変換後）「愛想がいいから，交友関係が広いよね。」

【事例３】

（変換前）青二才

（変換後）○フレッシュ（新鮮なさま。新しく，生き生きとしているさま。）

　　　　　○若い（限りなく大きな可能性を秘めている年頃。）

　　　　　○発展途上（今はまだ途中であり，大いなる発展を遂げる前の
　　　　　　段階。）

（ネガポ実用例）

（変換前）「なんでこんなことが分からないんだ！この青二才が！」

（変換後）「君はまだ若い。きっと，これからも幾度となく失敗するだろう。
　　　　　けれども，その度にたくさんのことを吸収して，『いてもらわな
　　　　　くては困る人材』に成長していってくれ。期待しているぞ。」

　このように，短所も物の見方次第で長所になります。部下の良い所を見つけ
る練習をしましょう。

4-15 部下の家族の状況を知る 【2分間の雑談を活用する】

　優秀なリーダーは，部下と顔を合わせた時や休憩時を有効に使って2分間ほどの雑談から部下のことをよく知ろうとします。そして，会話した内容の記録を取っています。部下の家族のことをよく知っていれば「4月に小学校に入学するんだよね。」「お母さんの具合はどう？」などとより話しやすい雰囲気になります。また，部下は「自分のことをいつも気にかけてくれているんだ。」と感じて心を開いてくれます。それらの情報は，部下の見ていない時にメモを取っておくとよいです。そして，必要時にメモを見返してみるとよいでしょう。

4-16 部下の家族の状況を知る 【家族関係マップを書く】

　家族の関係図を作成することで，家族の状況をより深く知ることができます。

（家族関係マップの作り方）

　児童自立支援計画研究会編『子ども・家族への支援計画を立てるために』と『対人関係マップの作り方』を参考にさせていただております。作り方の手順は，次のとおりです。

（手　順）

(1)　○（円）を部下（本人）として，中心におく。○の大きさはこだわらない。

(2)　その周りに，部下に影響を与えている人を記入していく。

(3)　部下にとって，あまり影響のないものは記入しない。

(4)　部下の話をもとに記入する。

例1［部下（本人）をA，影響を与えている人をBとする］

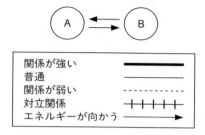

・○において，どのように→が引かれるかについては，その関係が密かどうかによる。
・関係が強いほど線を太くする。
・対人関係マップは部下を中心にして，それぞれの人との関係性を理解するのが目的
であり定期的に追加作成することで対人関係の変化を把握することもできる。

　例1のようにお互いの矢印を引くことは，AとBは，お互いに意思疎通して
いるということを表します。

例2　家族関係マップ

　部下Aの家族関係を表示しています。

・実父とは仲が良くない。
・実母とは仲が良くお互いに影響しあっている。
・実兄とは関係性が弱い。

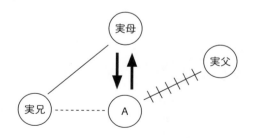

このように図解をすることで，家族関係をわかりやすく整理することができます。また，この図に部下の家族の情報を付け加えておくことで，常に最新の情報を知ることができます。結果として，部下と雑談するときに，会話をスムーズに行うことができるようになり，信頼関係の構築につながります。

組織のニーズを知り，リーダーが
部下にできる支援を考える

　第5章では，法律や社内の就業規則，評価制度，労働時間管理などの組織において必要なルールを知り，リーダーが部下に対してどのような支援ができるのかについて取り上げています。

　部下に対する支援，伝え方，褒め方，叱り方などのマネジメント方法だけでなく，テレワークやフリーアドレスでの対応などにも言及しています。部下をマネジメントするときのヒントを見つけましょう。

5-1 法律，就業規則などを確認する

　働くときのルールの枠組みを知ることは，とても重要なことです。枠組みとして形式知のものと暗黙知のものの2種類があります。

　形式知のものとしては，**文字もしくは口頭で明文化**しているものです。例えば，次のようなものがあります。

（法　　律）

　労働関係の諸法令については，労働基準法をはじめさまざまな法律があります。働くときのルールのなかで一番強制力が高いもので，多岐にわたります。**第7章**において解説します。リーダーになれば確認しておきたいものです。

（労働協約）

　会社と労働組合が，労働条件などを協議した結果として，合意した事項を書面化したものです。労働協約は，大きな拘束力を持っており，就業規則や労働契約のうち労働協約に反するものは部分無効になります。会社のなかに，労働組合がある場合は，まず労働協約を確認することが大切です。

（就業規則）

　会社ごとに決められているオリジナルルールです。従業員が常時10名以上の事業所では，就業規則を作成して労働基準監督署に届出をしなければなりません。また，従業員に周知し，いつでも見られる状況にしなければなりません。リーダーは，就業規則を日頃から確認しましょう。正社員だけでなく，非正規社員に関しても記載があり，規則が適用されます。

（雇用契約）

　雇用契約（労働契約）は，労働者が「働かせてください。」という意思表示をして，会社が「働いてください。」という意思表示をしたときに，お互いの合意で成立します。また，雇用契約を変更する場合にも，合意が必要になります。雇用形態により部下ごとに雇用契約に異なる部分がありますので，部下の労働条件などを確認する必要があります。

（業務命令）

　雇用契約の締結後は，会社の業務命令に従う義務があります。リーダーは，直属の上司からは業務命令を受ける立場でもあります。正当な理由がないのに業務命令に従わない場合は，就業規則の定めにより懲戒処分にされることもあります。

　一方，リーダーは，部下には業務を要求したり，命令をする立場でもあります。業務命令をするときに，合理性のないものは認められません。場合によっては，ハラスメント行為になる可能性がありますので，注意が必要です。

　上記以外のもので**暗黙知のもの**としては，**会社ごとの慣習**やならわしがあります。例えば，職場の班ごとに掃除当番や，長期の有給を取得する前に事前に周囲との業務の調整を行ったりするなどがあります。会社では，チームワークが大切なので，このような暗黙知を部下に理解してもらい，不要な慣習などであれば話し合いにより改善していくことなども考えられます。

　チームで目標を達成するときには，何のためにこの業務をやっているのかという動機づけも大切です。目標には，目的をセットにして伝えましょう。例えば，「月1,000万円売上目標，頑張るぞ。」と目標だけではなく，「お客様に喜んでいただくため」と目的とセットで伝えるとよいです。このように目的と目標をセットで伝えないと，「リーダーからやるように言われたので，仕方なく，やっています。」と他人事のように伝わってしまう場合がありますので，セットで伝えるように心掛けましょう。

5-2　はじめての部下の評価を適切に行う

　はじめてリーダーになったときは，**部下の評価**をどうしたらよいのかがわからないのではないでしょうか。自分が評価する立場になったときは，まず会社

の評価制度を理解します。会社により評価制度は異なりますが，一般的には，情意項目，能力項目，業績項目などで構成されます。またテレワークでは，生産性や成果を中心に項目を設定している場合があります。それぞれの項目をきちんと理解することが大切です。人事考課研修などがある場合は，きちんと参加します。評価制度の研修がなく理解が難しい場合は，直属の上司や総務などわかる人に相談します。

　次に，部下の良かった行動や改善する行動などを観察し，記録をします。1年に2回評価をする場合は，6か月間のことを評価するため，部下の行動を観察して記録を残しておきましょう。記録を取らないと主観や感情に振り回されてしまい，次のような**評価のエラー**が出やすいので，注意が必要です。

ハロー効果	1つの特徴に影響され，他の面についても同様だと評価してしまう「後光効果」ともいう。
中心化傾向	無難な評価をして人事考課が中央に集中する。
期末効果	評価を行う直前の出来事により評価が影響される。
寛大化傾向	全体的に甘い評価をしてしまう。
対比誤差	評価者の得意分野は厳しく，苦手分野は甘く評価してしまう。
論理誤差	項目が独立しているにもかかわらず，関連性があると解釈し推定してしまう。

　評価期間が終わった後には，部下と直接面談をして，**フィードバック**を行います。次の手順でするとよいでしょう。

① 導　　入
　○話しやすい雰囲気を作る。
　○評価の目的や重要性を提示する。
　○会社が求めていることや課題の提示する。
② 本　　論
　○部下とじっくり話をする。部下の取った行動の原因，理由，対策などを振り返ってもらう。
　○共感的傾聴を心掛ける。

5-3　労働時間の管理について知る

　残業時間は，健康リスクがあるだけでなく，労務管理上のリスクもあります。リーダーは，直属の**部下の労働時間を適正に管理する**ことになっていますので，正しい労働時間の管理について知ることが必要です。

　労働時間とは，労働者が使用者の指揮命令のもとに置かれている時間のことを指します。まずは，リーダーが労働時間の概念を知ることから始めます。労働時間には，次のようなものも含まれます。

○業務に必要な準備行為
○業務終了後の業務に関連した掃除などの時間
○手待ち時間
○会社から義務づけられている研修などの時間

　厚生労働省の「労働時間の適正な把握のために使用者が講ずべき措置に関するガイドライン」では，次のように，労働時間の適正な把握方法や改善のための具体的な措置について示されています。

①　始業・終業時刻を確認・記録する。
②　始業・終業時刻の確認記録は，原則としては，客観的な方法による。

（客観的な方法）

○使用者が，自ら現認することにより確認し，適正に記録すること。

○タイムカード，IC カード，パソコンの使用時間の記録などの客観的な記録を基礎として確認し，適正に記録すること。

例外として，自己申告制の場合は，ガイドラインを参照してください。

③　賃金台帳に労働者ごとに適正に労働日数，労働時間数，時間外労働時間，休日労働時間数，深夜労働時間数などを記入し，労働時間の記録に関する書類（タイムカードなど）を保存する。

④　労務管理の責任者は，労働時間管理に関する職務（労働時間の問題点の把握と課題の解決）を行う。

⑤　労働時間等設定改善委員会等（労働時間等の設定を改善することについての調査審議する機関）を活用する。

　また，**テレワーク特有の労働時間管理**として，朝仕事が始まるときに，15分程度で「本日は何をするのか」の予定を知らせ，業務終了後に報告を受ける工夫が必要です。中抜け時間の取扱いについては，事前に決めておきましょう。例えば，1日の終業時に，労働者から報告させたり，中抜け時間は休憩時間として取り扱い，終業時刻を繰り下げたり，時間単位の年次有給休暇として取り扱うなどと決めておくことが大切です。テレワークは，どうしても長時間労働になる場合があるので，部下との合意により，時間外などの労働が可能な時間帯や時間数をあらかじめ設定しておくなどの対策を心掛けます。

　それでは，リーダーが時間管理をするうえでよくご質問をいただく事例を挙げます。

(1)　振替休日と代休の違い

　「振替休日」とは，予め休日と定められていた日を労働日とし，そのかわりに他の労働日を休日とすることをいいます。これにより，予め休日と定められた日が労働日となり，そのかわりとして振り替えられた日が休日となります。

もともとの休日に労働させた日については休日労働とはならず，休日労働に対する割増賃金の支払義務も発生しません。

　一方，いわゆる「代休」とは，休日労働が行われた場合に，その代償として事後に特定の労働日を休みとするもので，休日労働分の割増賃金を支払う必要があります。

　振替休日と代休の区別がつかずに，間違った時間管理をすると，割増賃金の取扱いが異なり，わかりにくい部分がありますので，次の図を参考に注意してください。

【振替休日と代休の違い】

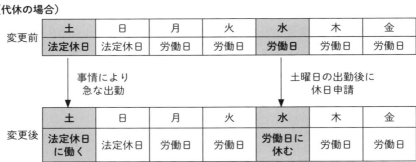

（振替休日の場合）

変更前	土	日	月	火	水	木	金
	法定休日	法定休日	労働日	労働日	労働日	労働日	労働日

事前に
休日出勤申請　　　　　　　　　　　事前に
　　　　　　　　　　　　　　　　　休暇を申請

変更後	土	日	月	火	水	木	金
	労働日	法定休日	労働日	労働日	法定休日	労働日	労働日

（代休の場合）

変更前	土	日	月	火	水	木	金
	法定休日	法定休日	労働日	労働日	労働日	労働日	労働日

事情により
急な出勤　　　　　　　　　　　　土曜日の出勤後に
　　　　　　　　　　　　　　　　休日申請

変更後	土	日	月	火	水	木	金
	法定休日に働く	法定休日	労働日	労働日	労働日に休む	労働日	労働日

※ 割増賃金の支払いが必要

(2) 残 業 代

　時間外労働，休日労働，深夜労働を行わせた場合は，法令で定める割増率以上の率で算定した割増賃金を支払わなければなりません。

　残業代の計算については，「１時間当たりの賃金額×時間外，休日労働，深夜労働を行わせた時間数×割増率」となります。

種　類	時間外労働	休日労働	深夜労働
条　件	法定時間（１日８時間・週40時間）を超えたとき	法定休日（週１日）に労働させたとき	22時から５時までの間に労働させたとき
割増率	２割５分以上（１か月60時間を超える時間外労働については５割以上。）	３割５分以上	２割５分以上

　2023年４月の法改正により，割増賃金は，１か月60時間を超えると２割５分以上から５割以上になりますので，注意が必要です。

(3) 有 給 休 暇

　さらには，「有給」に関することです。ある企業の経営者は，「パートには有給はないんです。」と悪気もなくおっしゃっていました。今では，学生に対して雇用契約にかかわる教育がありますし，ネットで調べることもできますので，そんな言葉を聞いたら，「この会社は大丈夫だろうか。」と思うのではないでしょうか。もちろん，法的にも間違いであり，正社員やパートに限らずに，付与の要件に合致すれば取得することができます。

　また，2019年４月１日からスタートした有給休暇の取得の義務化により，法定の年次有給休暇付与日数が10日以上の全ての労働者に対し，毎年５日，年次有給休暇を確実に取得させる必要があります。全員が有給を取得できる環境であればよいのですが，なかにはできていない人もいますので，有給を取得しやすい環境を作ることが大切です。厚生労働省では，有給休暇を年５日確実に取得するための方法を次のとおり提示していますので，参考にしてください（厚

生労働省：「年5日の年次有給休暇の確実な取得　わかりやすい解説」)。

（年5日の確実な取得のための方法）

① 基準日に年次有給休暇取得計画表を作成する

　　労働者が職場の上司や同僚に気兼ねなく年次有給休暇を取得するため，職場で年次有給休暇取得計画表を作成し，労働者ごとの休暇取得予定を明示します。

② 使用者からの時季指定を行う

　　基準日から一定期間が経過したタイミング（半年後など）で年次有給休暇の請求・取得日数が5日未満となっている労働者に対して，使用者から時季指定をします。

　　過去の実績を見て年次有給休暇の取得日数が著しく少ない労働者に対しては，労働者が年間を通じて計画的に年次有給休暇を取得できるよう基準日に使用者から時季指定をします。

③ 年次有給休暇の計画的付与制度（計画年休）を活用する

　　計画年休は，前もって計画的に休暇取得日を割り振るため，労働者はためらいを感じることなく年次有給休暇を取得することができます。計画的付与制度で取得した年次有給休暇も5日取得義務化の5日としてカウントされます。

　　例えば，夏季，年末年始に年次有給休暇を計画的に付与し，大型連休とする方法，ブリッジホリデーとして連休を設ける方法，閑散期に年次有給休暇の計画的付与日を設け，年次有給休暇の取得を促進する方法，アニバーサリー休暇制度を導入する方法があります。

　労働時間管理について，リーダーが最低限知っていてほしいことを挙げました。法律的なことには時折改正があり，知識がないとわからないこともあると思います。わからないときは知ったかぶりをしないで，「調べておきます。」と言うことが大切です。

5-4 業務に関係ないことは，時にはスルーする

部下の話を聞くことはよいことですが，業務に関係ないことは，時には**スルーする力**も必要だと思います。その理由には，2つあります。

1つめの理由は，社内の噂話は非生産性職務行動の1つであり，深入りしてもあまり意味がないからです。業務に関係のない話は聞き流し，過剰に反応しないほうがよいでしょう。

以前に，新人リーダーから「職場内で従業員同士が不倫をしているという噂話を聞いたのですが，どうしたらよいのでしょうか。」という相談を受けたことがあります。「不倫が職務において不都合が出ていないなら，関わらないほうがよいですね。」とお伝えしました。数か月後にリーダーにお聞きしたら，しばらくしたら，その話はなくなったようですが，「また違う噂話が流れています。」とのことでした。そもそも噂話がある社風に，問題があるのだと思います。

2つめの理由は，業務に関係のないことに深入りしないことです。

ある介護事業の新人リーダーは，LINEで社内の報告，連絡，相談にのっていました。当初は，業務連絡だけに使っていたのですが，面倒見がよいあまり，部下は「いつでも話を聞いてもらえるものだ。」と思い，休みのときなどにプライベートのことにまで相談が入るようになりました。そのリーダーは，部下の悩みに応えたいと思い，頑張って対応し続けた結果として，心身が疲弊して体調を崩してしまったケースもありました。プロのカウンセラーでも，1セッション50分から60分程度です。そのようなフレームがなければ，到底自分自身を守ることができなくなってしまいます。

このようなことから，特には業務に関係ないことに対しては，鈍感になることも必要だといえるでしょう。

5-5 部下にできる3つの支援法
【補完する】

　職場において部下同士は，職場では，同じ思いを目指す仲間である一方で，良きライバルでもあります。しかし，場合によっては，意図的にお互いに補って良い仕事ができるような配置をすることもできます。例えば，定年退職後に継続雇用のシニアの方に新人社員の育成を任せたり，技術や技能を継承する役割をお願いしたりすることがあります。

　そのためには，シニアの方に，今後の業務での役割や期待していることについて，事前にきちんと説明をして同意してもらうことが大切です。シニアの方は，仕事を通して若い世代との交流を期待していたり，技術や技能の継承で役に立ちたいという気持ちを持っている人が少なくありません。逆に，シニアの方が若手社員の考え方に刺激を受けることもあり，結果として，Win-Winの関係を構築することができます。

5-6 部下にできる3つの支援法
【必要な支援をする】

　困ったときに上司が手を差し伸べると，部下はとても心強いものです。例えば，新しい職場に配属になった部下が職場に馴染めるように歓迎会を提案したりすることなどがあります。歓迎会などを行うことが難しければ，ミーティングなどで代用することもできるでしょう。

　また，キャリア支援についての相談にのることも必要です。キャリア支援をすることが，人材育成にもつながります。

5-7 部下にできる3つの支援法 【環境の調整を行う】

　部下に働きやすい環境で仕事をしてもらうことは，上司としての大切な役割です。持病を持ちながら仕事を両立している部下には病院に通いやすい環境にしたり，新人にはマニュアルを用意したり，外国人の部下にはローマ字や仮名で表記するなどです。時折，こういう環境の配慮することを提案すると，「甘やかしてどうするんだ。」とおっしゃる上司の方がいますが，職場環境を良好にすることで，離職率も低くなり，生産性も高くなる傾向にあります。

　心理的安全性の高い職場を目指しましょう。それは，誰もが恐れることなく自分の意見をきちんと言い合える職場のことを指します。グーグルの調査「プロジェクト・アリストテレス」で発表されたことでも有名になりました。

5-8 部下に適切に伝える方法 【アサーション】

　自己表現には，3つの種類があるといわれています。「受け身型」「攻撃型」「自他尊重型」です。

> **受け身型**……ノン・アサーティブともいい，相手を優先する自己表現法です。
> **攻撃型**……アグレッシブともいい，自分を優先する自己表現法です。
> **自他尊重型**……アサーティブともいい，自分も相手も大切にします。

イメージしやすいように，各タイプのある場面の事例を示します。

　この３つのなかでは，アサーティブな表現が望ましいです。

　①の受け身型では，本人の我慢の限界がくれば，自分のことを責めすぎて体調が悪くなったり，負の感情があふれてきて他責にする場合もあるでしょう。また，②の攻撃型は，短期的には自分の要求が通るので都合のよい感じもしますが，中長期的に見ると，孤独になったり，他者に対して弱みを見せることができなくなり，本人が気づかないうちに常に緊張状態が続くことになります。

　このようなことから，部下に適切に伝える方法として，アサーションを活用しましょう。２つの手法を紹介します。

　１つめの手法は，「YOUメッセージ」ではなく，**「Ｉメッセージ」**を使いましょう。

種　　類	YOU（ユー）メッセージ	Ｉ（アイ）メッセージ
内　　容	「あなた」を主体にした伝え方	「私」を主体とした伝え方
事　　例	（あなたが）やってくれ。 （あなたは）引き受けるべきです。	（私は）やってくれると助かるんだけど。 （私は）引き受けてくれるとうれしいです。

（**YOU メッセージの会話例**）
上司の会話：「(あなたが) するのが当たり前です。」
部下の気持ち：いつも怒られてばかり・・・。
上司の背後にある真意：早くできるようになってほしい。
（**I メッセージの会話例**）
上司の会話：「(私は) あなたにできるようになってほしいのです。」
部下の気持ち：期待されているぞ。頑張ろう。
上司の背後にある真意：早くできるようになってほしい。

　このように，上司が部下に同じ内容の業務命令を伝えたとしても，I メッセージは YOU メッセージよりも言葉の背後にある感情や気持ちが伝わりやすくなります。伝え方を変えただけで，部下の上司に対するイメージが変わってしまいます。日頃から I メッセージで伝えてみてはいかがでしょう。

　2 つめの手法は，**DESC 法**を紹介します。

　受け身型や攻撃型の方は，この方法を学んでいただいて実践してみてください。DESC 法のそれぞれの頭文字について説明します。

① Describe（描写）：現実・状況を読み取り，客観的に描写する。
② Express（表現）：問題状況，場面についての自分の気持ちを述べたり，相手の気持ちに対して共感を表現する。
③ Specify／Suggest（提案）：現実的な解決策や妥協案を出す。
④ Choose（選択）：可能性のある行動の選択肢を示す。

　事例を使って，活用のイメージをつかむことにしましょう。

本日は，部下Aさんの子供の誕生日で，家族そろって誕生日会をすると聞いていました。夕方に，取引先から間違った商品が届いて困っているので，「すぐに来てほしい。」というクレームの電話をもらいました。取引先は，明日のイベントにこの商品が必要なため，かなり怒っていました。担当者はAさんです。

あなたは，本来Aさんと一緒に同行して，商品をすぐに届けなければならない状況です。このような場合は，DESC法を用いて，どのように伝えたらよいのでしょうか。

①Describe	本日は子供さんの誕生日ですが，商品の納品ミスで取引よりクレームの電話がありました。
②Express	私としては，本日すぐに一緒に同行してもらいたいです。
③Specify／Suggest	Aさん，事情はあるが，できたら今すぐに同行してもらえないだろうか。
④Choose	YES → それでは，今から一緒に行こう。 NO → 本日はBさんに代わってもらおう。 ※NOのときは，お互いに妥協点を探します。

これは，DESC法の一例ですが，コミュニケーションの技術なので，練習すると上手くなります。

5-9 部下に気づきを与える方法 【リフレーム】

リフレームとは，**自分の枠組みを変える**ことです。例えば，部下が頑張って仕事をしたにもかかわらず，コンペで落ちたときに，落ちたからだめではなく，「コンペで落ちたことで自分のやるべきことを把握することができて，もっとよいアイデアはないのかを考える機会になったね。」と励ますことで，部下の

視点を変えることができます。このようにリフレームは，部下が失敗したり，ネガティブに考えたり，視野が狭くなっているときに，**部下に気づきを与える**ことができます。

　ある企業では，上司が優秀な女性の従業員にリーダーになってほしいと思っていましたが，本人が家庭との両立ができないと思い込んでいたケースがありました。「自分のキャリアが広がるかもしれない。」と前向きなアドバイスすると，意欲が湧いてきたという事例がありました。最終的には部下が判断して決めることですが，視点を変えることでやる気が出ることは素晴らしいと思います。

5-10　フリーアドレスを導入する前に決めておくこと

　働き方改革の推進に伴い，フリーアドレスを導入する企業が増えています。フリーアドレスとは，従業員が固定された自分の座席や机を持たず，業務内容にあわせて**働く場所を選択できるワークスタイル**のことです。フリーアドレスを導入することにより，他部署とのコミュニケーションができて組織が活性化しアイデアが出たり，ペーパーレス化が進んだり，職場の整理整頓が進むなどのメリットがあります。

　一方，運用が上手く行かなければ，同じ机に荷物が積まれたままになり，他の人が使おうとしてもその場所が使えないなどの弊害が起きます。フリーアドレスを導入する前に，上司が部下とルールや目的を共有し，部下にコミットメントしてもらうことが大切です。

5-11 テレワークの導入と改善

　テレワークとは，Tele（離れて）とWork（仕事）を組み合わせた造語であり，ICTを活用した時間や場所を有効に活用できる柔軟な働き方のことをいいます。コロナ禍の影響もあり，テレワークを導入する企業が急激に増えました。

　テレワークの形態には，次の4つの種類があります。

（在宅勤務）

　終日，オフィスに出勤しないで自宅を就業場所とする勤務形態です。通勤時間を削減することができ，育児・介護期の従業員がキャリアの継続を図ることができます。また，障害などにより通勤が困難な従業員の就労継続にも効果的です。

（サテライトオフィス勤務）

　サテライトオフィスには，専用型と共用型があります。専用型は，自社・自社グループ専用として利用され，従業員が営業活動で移動中，あるいは出張中である場合などに立ち寄って就業できるオフィススペースです。共用型は，複数の企業がシェアして利用するオフィススペースです。「シェアオフィス」や「コワーキングスペース」ともいいます。

（モバイル勤務）

　交通機関や車などの移動中や顧客先，カフェなどを就業場所とする働き方です。営業職などの移動が多い職種には有効です。

（ワーケーション）

　Work（仕事）とVacation（休暇）を組み合わせた造語であり，テレワークなどを活用し，普段の職場や自宅とは異なる場所で仕事をしつつ，自分の時間も過ごすことです。休暇型と業務型の2種類があります。

（ブレジャー）

　Business（ビジネス）とLeisure（レジャー）を組み合わせた造語であり，出張等の機会を活用し，出張先等で滞在を延長するなどして余暇を楽しむことです。

　ワーケーションやブレジャーについては，観光庁のイメージ図をご覧ください。

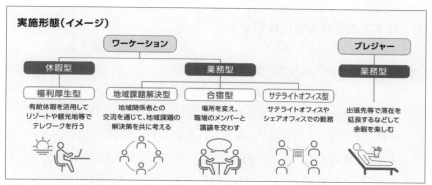

実施形態（イメージ）

ワーケーション

休暇型／業務型

ブレジャー

業務型

福利厚生型
有給休暇を活用して
リゾートや観光地等で
テレワークを行う

地域課題解決型
地域関係者との
交流を通じて，地域課題の
解決策を共に考える

合宿型
場所を変え，
職場のメンバーと
議論を交わす

サテライトオフィス型
サテライトオフィスや
シェアオフィスでの勤務

出張先等で滞在を
延長するなどして
余暇を楽しむ

（出典） 国土交通省観光庁：「新たな旅のスタイル」ワーケーション＆プレジャー（パンフレット）

　コロナ禍の影響により急にテレワークを導入した企業のなかには，テレワークの環境が整備されていなかったり，部下に業務上の過度な進捗状況を求めたり，行動制限を行うことにより部下のモチベーションが低下するという課題がありました。しかしながら，この状況も３年を経過し，テレワークの環境が整備されてきました。テレワークでは，部下を監視や束縛しすぎるのではなく，部下に責任と裁量を与えるといったことが大切であるという認識に変化しています。

5-12 テレワークにおけるマネジメントの3つの留意点

(1) 部下との信頼関係を構築する

テレワーク時は，オンラインミーティングや会議が重要な鍵を握ります。

【オンラインでの大切なこと】

○オンライン会議ツール（Skype，Zoom，Teams，Webexなど）をリーダーが主体となって開催できるようにする。

○効果的なオンライン会議を心掛ける。オンラインは疲労が激しいので，通常より短めにする。また，事前にアジェンダなどを送り，準備をする。

○オンラインの場合は，1人でも会議に参加することも可能にする。

○ITに詳しい人をサブにつける。例えば，ICT環境コーディネーターなど。

(2) ゴールや優先順位を共有する

○ゴールや優先順位を共有し，仕事を割り振ることが大事。

○報告，連絡，相談に依存しすぎると，生産性が落ちる。

○納期を明確にする。

○事前打ち合わせをして，任せられるところは任せる。

○テレワークでは，自律性が大切。

(3) テレワークをしている環境に配慮する

○テレワークをしている環境を気遣う。

○個人情報の保護に配慮する。

○テレハラ・リモハラを起こさないようにする。

【テレハラ・リモハラ事例】

☑ そんな狭い部屋に住んでいるの？

☑ Wi-Fiも契約していないの。今どきありえないね。

☑ 家ではすっぴんなんだね。かわいいね。

☑ 私が連絡をしたらすぐに連絡しろ。

☑ 忙しいのにつまらないことでメッセージしてくるなよ。

5-13　部下に対して褒めることの意味とプロセス

　部下を褒めることは，ホルモン（快楽・幸せ）が出て，部下のよい行動を習慣化したり，さらに伸ばす効果があります。

　褒めるプロセスには，次の３つのプロセスがあります。

○観察する……部下の日常を観察します。

○気づく………部下の良い所を見つけます。

○伝える………思っていても口に出さないと理解されないものです。できるだけ言葉で伝えましょう。

　褒めるときの５つのポイントは，次のとおりです。

(1)　できるだけ具体的に伝える

　漠然とした内容ではなく普段から部下の行動を見て具体的な内容を表現すると，部下との信頼関係を構築しやすくなります。

　例えば，次のようなものがあります。

【思わず口に出してしまう言葉】

（改善前）「すごいね」「やったね」「がんばったね」「素晴らしい」「ステキね」

（改善後）「先日の他社でのプレゼンのときの質疑応答のとき，私は的確に説明ができていて『Aさん，成長したなぁ。』とうれしかったです。」

（ポイント）「〜している時」＋ I （アイ）メッセージを使います。

【曖昧な言葉】

（改善前）「Aさんに対してすごかったわ。」

（改善後）「昨日，あなたがAさんに対して意見を言ったとき，私まで誇らしい気分になったわ。」

（ポイント）「〜している時」＋Ｉ（アイ）メッセージを使います。

【月並みな言葉】

（改善前）「あなたなら，ここで上手くやっていけるでしょう。」

（改善後）「あなたがこのプロジェクトに入ってくれてよかった。本当にかけがえのない存在だと思っているわ。」

（ポイント）Ｉ（アイ）メッセージ＋Ｉ（アイ）メッセージを使います。

【過小評価の言葉】

（改善前）「Aさんにしては結構うまくいったわね。」

（改善後）「難しい仕事だったけど，本当によくやってくれてうれしいわ。」

（ポイント）事実＋but＋Ｉ（アイ）メッセージを使います。

【皮肉な言葉】

（改善前）「最近，言いたいことを結構言うようになったわね。」

（改善後）「最近，良いアイデアを出してくれているよね。素晴らしいと思っているよ。」

（ポイント）事実＋Ｉ（アイ）メッセージを使います。

⑵　相手が自覚していない長所を褒める

　自分で気づいていないことを褒めてくれると，部下はよりうれしくなると思います。

　部下が自覚していない長所を褒める方法としては，例えば，部下の短所を長所に変換することで簡単に褒めることができます。

　例）

（短所）話しべた → （長所）相手の話をじっくりと聞く。

（短所）人の顔色ばかりを見る → （長所）人の気持ちをくみとる。

(3) プロセスを褒める

　結果だけを評価すると，仕事に対する姿勢やビジョンを乱すことになりがちです。だからこそ，プロセスを褒めることは大切です。結果だけを褒めると，たまたま以前から業績がよいエリアを担当して成績がよかったということもあるからです。また，テレワークやオンラインの時は，自分の仕事が評価されているのかどうかと不安になりますので，きちんとプロセスを褒めましょう。

　例)

　（改善前）「最近の成績すごいね。」

　（改善後）「毎日10件のアポを取ってコツコツと継続的に続けてきた甲斐があったね。」

　（ポイント）プロセスをきちんと把握して言及します。

(4) 影褒めをする

　本人がいないところで褒めることを「影褒め」と呼んでいます。

　例えば，リーダーがBさんに対して「Aさんの最近のプレゼンが上達していて，課長もこの間褒めていたよ。」と言って褒めます。その後，「『最近，君のプレゼンが上手くて，課長もこの間褒めていたよ。』とリーダーが褒めていたよ。」とBさんがAさんにリーダーが言っていたことを伝えて褒めます。つまり，リーダー → B → Aの順番で，リーダーの誉め言葉が，Bさんを介してAさんに伝わっています。

　本人がいないところで褒められる効果として，「ちゃんと見てくれているんだなぁ。」と感じて，肯定的な感情が生まれます。また，褒められた人（Aさん）だけでなく，聞いていた人（Bさん）もポジティブな気持ちになる効果があります。従って，直接伝えるよりも数倍の効果が得られる場合もあります。

(5) 嘘やお世辞は言わない

　褒めようと思って，思ってもいない嘘やお世辞を言うのは逆効果です。気持ちは案外伝わるものです。かえって信頼関係を崩してしまう場合がありますの

で，部下の仕事ぶりをきちんと観察し，事実をきちんと把握して褒めましょう。

5-14　部下を叱るときの意味と3つの手順

　部下に対して**「叱る」**ということは，部下の人格を尊重したうえで，不適切な行動を部分的に否定し，部下との信頼関係を構築しつつ改善行動を促すことです。感情的になって怒ることとは，まったく違います。部下を叱るときの3つの手順を紹介します。

ステップ1：事前準備をする

①　事前にあなたの気持ちを確かめる。

　「どの点が問題点なのか。」「問題点についてどう感じているのか。」

　「相手にどのような行動をしてほしいのか。」

　自分自身の気持ちを確かめましょう。

②　時間の確保をする。

　15分以上時間を確保します。

③　場の設定をする。

　他の人がいない場所を設定します。

ステップ2：あなたの意見を言う

①　自己開示する。

　「実は，とても言いにくいことなのですが・・・。」

　「こんな話をするのは，気持ちが重たいのですが・・・。」

②　具体的な問題行動を指摘する。

　「あなたが遅刻してくると・・・。」

　「あなたが仕事でミスをすると・・・。」

③　感情を表現する

「私は不満なのです。」

「私は残念に思っています。」

④　相手に望む変化を言う

「あなたは遅刻せずに 9 時までにきてほしいです。」

「あなたがミスをしないように確認してほしいです。」

ステップ 3：相手の反応に耳を傾ける

①　相手の反応に耳を傾ける。

・相手が理解しているかどうか確認する。

・相手に合意を求める。

「時間通りに来るには何か問題がありますか。」

「〜することは可能でしょうか。」

②　相手が考える時間が必要な場合

・繰り返し要求を明確にする。

・締めの言葉を伝える。

「この件についてお時間がいただいてありがとう。」

「お話できてよかったです。」

③　話し合いを終了する。

　部下を叱った後は，お互いに気まずい雰囲気になりがちですが，上司から勇気を出して，「昨日のミスを今後の仕事に活かしてほしい。期待しているよ。」などと笑顔で話しかけましょう。叱られたことを引きずってする部下もいますので，しばらくは部下のことを気にかけて様子を見るようにしましょう。

第 6 章

ケーススタディで学ぶ！
はじめて部下を持ったときの
ポイントと対応

　これまでは，はじめて部下を持ったときの心構えや部下とその家族の状況を理解しつつ，組織のニーズを知り，上司が部下にできる支援について解説してきました。

　第6章では，はじめて部下を持ったときのポイントと部下への対応について，2つの編に分けてケーススタディで学びます。

　ポイントやアドバイスは，ここで取り上げたポイントや対応だけに限定せず，新しい着眼点を養い，マネジメント力の向上に役に立てましょう。

　あなたなら，このようなケースに直面したら，どのように対応しますか。事例とともに，一緒に考えてみましょう。

【上司または部下が直面した状況への対応】

6-1　人生で，はじめて部下を持ったときの対応

【事　例】

　介護施設の介護士のＡさん（27歳，男性）はユニットリーダーになり，はじめて部下を持ちました。部下の職員に，どうすれば仕事を上手く振り分けることができるのかが当面の悩みになっています。何事も年上の職員ばかりで，遠慮してしまいます。

　先日も，部下に仕事の依頼をしたところ，露骨に嫌な顔をされてしまいました。そのような毎日が続き，いつしか相手の顔色を気にするようになり，自分でやったほうが気を遣わずによいのではないかと思うようになりました。

　それでも自分が責任者だと考えて努力しましたが，結果的に業務量が増えるばかりでミスも目立つようになり，一度主任に相談しようとも考えています。

　Ａさんに，どのような解決法があるのでしょうか。

【考え方のポイントとアドバイス】

　Ａさんは，はじめて部下を持ちましたが，年上の部下ばかりで遠慮しているようです。顔色ばかりを気にしてしまい，１人で何とかしようとして業務量も増えて，ミスも目立っているように推察しました。

　そこで，「業務の生産性を高める」「部下との信頼関係を構築する」という，２つの視点から提案します。

　まずは，**「業務の生産性を高める」ための視点**から，２つの方策を提案します。

(1)　自分の役割や権限を理解する。

　Ａさん自身の役割と権限を理解しましょう。Ａさんの役割は，スタッフを通じて業績や労働生産性を上げることです。よって，１人で抱え込んで仕事をすることは適切ではありません。また，自分の権限についても，社内のキャ

2. 業務の明確化と役割分担
(1)業務全体の流れを再構築

取組別の基本的なステップ

概　要

- ▷業務分担を見直す時には、1日の業務全体の流れを時間に沿って書き出し、それぞれの業務時間を「集約させる」、「分散させる」、「削る」といった3つの視点で見直すことで、一気に業務が効率的に回り出します。
- ▷一度業務全体の流れを見直したら、その流れを守りながら仕事を進めることで、業務一つひとつの時間が延長することなく、後ろ倒しになった業務の残業時間を減らすことができるのです。
- ▷また、業務全体の流れを決める際に重要なポイントは、業務毎に範囲とポジションを決め、そこでの役割と手順を明確にすることが大前提となります。

取組によって得られる効果

- ▷**業務の明確化と役割分担の見直しにより、ムリ・ムダ・ムラ（3M）を削減して業務全体の流れを再構築する。**

取組のステップとポイント

①	業務を見える化しよう	役割分担を見直すためには、まず現状を把握する必要があります。具体的には、現在、誰がいつどのような業務を、どの程度の時間をかけて行っているのか調べる必要があります。そこで業務時間調査を実施して、現在の1日の業務の流れを見える化しましょう。
②	業務の必要性の整理、3Mを見付けよう	業務時間調査により見える化された普段の業務から、3Mを探します。 ・特定の職員への業務の偏り（ムリ・ムラ） ・昔から実施しているが本来は不要（あるいは簡略化が可能）な業務（ムダ） ・フロアに誰もいない（見守りが手薄になっている）時間帯がある（ムリ）など
③	役割のマッチング、業務全体の流れを引き直そう	業務時間調査結果により見える化した普段の業務の流れから、発見した3Mを取り除き、新たな業務の流れを作ります。この時、業務の役割分担についても、必要以上にこれまでの習慣等に囚われることなく、役割のマッチングを検討しましょう。
④	手順と役割の整理をしよう	業務の手順や職員の役割を改めて整理します。業務の手順を変更したり、役割分担を検討し直したり、業務時間を変更したりすることで、一気に業務が効率的に回り出すことがあります。

(出典) 厚生労働省「介護サービス事業における生産性向上に資するガイドライン　改訂版」72ページ

リアパス基準などで確認します。わからない場合は，素直に主任に確認するとよいでしょう。今一度，自分の役割と権限を理解することが大切です。

(2) 業務の明確化と役割分担を行う。

　職場内に業務の手順や役割分担のマニュアルがあれば，それを確認します。文書がない場合は，業務を明確化して役割を分担する作業が必要になります。介護施設には，厚生労働省の『【施設・事業所向け手引き】より良い職場・サービスのために今日からできること（業務改善の手引き）パイロット事業令和２年度版』が非常に役に立ちます。次のプロセスになります。

---

① 業務を「見える化」しよう。
② 業務の必要性の整理，3Mを見つけよう。
③ 役割のマッチング，業務全体の流れを引き直そう。
④ 手順と役割の整理をしよう。

　自分１人で行うのではなく，部下と対話をしながら，業務改善に取り組んでいくことが大切です。プロジェクトチームを作って実行してもらうのもよいでしょう。

　次に，**「部下との信頼関係を構築する」ための視点**から提案します。

　年上の部下に対しては，人生の先輩として敬意を払います。時には，思い切って「○○さんだから期待しています。○○の件，お願いします。」などと頼ってみるとよいでしょう。上司に頼ってもらうことで，部下は自分の存在価値を認めてくれたと思い，やる気になってくれる場合も多いです。

　今回は，２つの視点からのアドバイスをしましたが，自分が実践できるところから始めてはいかがでしょうか。また，主任と相談することもよいでしょう。**第1章**の「はじめて部下を持ったときの心構え」が役に立ちますので，読み返していただくと参考になります。

部署が異動になり，はじめて部下を持ったときの対応

【事　例】

　Bさん（42歳，男性）は，4月から新しい部署（開発部）に上司として異動しました。この部署には，新卒で入社してから開発一筋25年のベテランCさん（46歳，男性）がいます。Bさんは，これまで営業部での経験が長かったため，今まで開発の仕事をしたことがありませんでした。

　先日，Cさんから業務の相談をされたときに，まだ慣れないなかで技術的な課題だったこともあり，気後れしてしまい上手く相談にのることができませんでした。

　Bさんは，今後どのように新しい部署で取り組んでいけばよいのでしょうか。

【考え方のポイントとアドバイス】

　開発部署の経験が浅いBさんが，職場経験や技術が豊富な部下であるCさんに対して，上手く相談に乗ることができずに困っていて，今後，新しい部署でどのように取り組んでいくのか自信が持てないと推察しました。

　そこで，Bさんが新しい職場でどのように取り組んでいくのかについて，次の3点の提案があります。

(1)　**自分のやるべきことにしっかりと向き合う。**

　　開発の経験値がなく，新しい部署ということもあり，何が正しくて何が間違っているのかなどの判断がつきにくくて困っているのではないでしょうか。目の前の問題に振り回されるのではなく，「会社から求められていることは何なのか。」を考えて，自分の役割にしっかりと向き合うことが大切です。

(2)　**わからないことは何でも聞く姿勢を持つ。**

　　業務に関する文書や指示書に目を通していると思いますが，専門的な内容は読むだけでは理解しづらい場合が多いでしょう。Cさんだけでなく，他のメンバーに対しても，わからないことは何でも聞く姿勢が大切です。次第に

点と点が重なってきて線となり，やがて面となって全体像が見えてきます。

⑶　部下の長所を活かす。

　Bさんは，ベテランの部下Cさんに対して気後れがあるように見受けられますが，見方を変えれば，Cさんは開発において豊富な知識や技術がある長所を持っています。上司として，部下の長所を活かすことを考えましょう。

　経験のない新しい部署で不安や焦りがあるかと思いますが，じっくり向き合うとよいでしょう。

6-3　転職して，はじめて部下を持ったときの対応

【事　例】

　Dさん（55歳，男性）は，親の介護のために前職（営業職）を退職しました。2年間にわたって介護に専念していましたが，残念にも親が他界してしまい，畑違いの仕事（総務部）に転職することになりました。

　ところが，会社の事情なのか，いきなり管理職のポストを任されました。部下には，「総務の経験のない役職者よりも，スキルや能力がある人が上司になってほしい。」という本音があるようです。総務の知識は全然なく，新しい職場ということで何事も部下に尋ねないと業務が進まない状況です。

　Dさんは，職場のリーダーとしてこのままでよいのかどうか悩んでいます。そんなDさんに，どのような解決法があるのでしょうか。

【考え方のポイントとアドバイス】

　Dさんは，2年間の親の介護の後に再就職して，未経験の総務部に配属されました。また，管理職のポストを任されていて，総務の知識がなく肩身の狭い思いをされているように推察できます。

Dさんが新しい職場のリーダーとしてどう対処したらよいのかについて，次の4つを提案します。

(1)　**自分のストレスケアをする。**

　　仕事のブランクが2年間あり，未経験の業務に管理職として従事することは新しいことだらけで，慣れない環境はストレスが溜まりやすいものです。自分なりのストレス発散法を実践しましょう。例えば，時間を忘れるほど自分が打ち込める趣味に没頭したり，信頼できる人と話をするなどがあります。

(2)　**新しい職場に馴染む努力をする。**

　　職場のメンバーのことを理解するためには，対話を大切にして，新しい職場に馴染む努力をします。そうしていると，Dさんを理解して職場で潤滑油になってくれるような人がきっと現れます。

(3)　**わからないことは聞く姿勢を持つ。**

　　新しい組織の業務文書や指示書などに目を通し，わからないことは一から聞きましょう。尋ねることに対して，恥ずかしいという気持ちがあるかもしれませんが，素直にわからないことを尋ねる姿勢には誠実さが感じられます。

(4)　**短期的ではなく中長期的な視点を持つ。**

　　不安なときは，短期的な視点になりがちです。中長期的にご自身が求められていることを考えましょう。

　人は，変化が多くなるとストレスが溜まるものです。最初から何でも円滑にできる人はいません。もう少し中長期的視点を持って，業務に取り組みましょう。

6-4 女性の部下が多い職場での対応

【事　例】

　看護師のＥさん（40歳，女性）は，病院で主任をしています。近頃，「看護師のＦさん（35歳，女性）が，男性とホテルに入っていくところを見た。不倫しているのではないか。」と職場内で噂話が流れていました。Ｆさんの同僚からも「主任，Ｆさんが不倫しているようなのですが・・・。」という話を直接耳にしましたが，Ｆさん本人からはその噂について何も相談されてはいません。

　Ｅさんは，どのような対応をとったらよいのでしょうか。

【考え方のポイントとアドバイス】

　Ｅさんは，Ｆさんの噂話をＦさんの同僚から聞いたものの，どうしたらよいのか判断ができないようです。

　このような場合に考えるポイントとしては，次の２つがあります。

　①　仕事と直接関係があり，職場の風紀を乱すものか。

　②　Ｆさんの噂話に対して，職場の誰かが迷惑しているのか。

　このどちらにも該当しないのであれば，プライベートの問題に介入する必要はないでしょう。

　しかしながら，よくない噂話は，非生産性的な行動の１つとされています。その結果として，職場の低下を招き，職場の風土が悪くなります。ある職場では，経営者自らが「職場での悪口や良くない噂話を全面禁止する。」という宣言をし，職場に浸透させることにより働きやすい風土を作り上げたケースがありました。このように職場の風土を改善することが必要です。

【事　例】

　Ｇさん（45歳，女性）の部下としてＨさん（61歳，男性）が配属されました。Ｈさんは，前職を60歳で定年退職後に，転職して１年更新の非常勤職員として採用されました。

　さすがに事務職として長年の経験があるので，仕事は責任を持ってやってくれます。ただ，従来の事務職として一定の評価はできるのですが，ＺｏｏｍやチャットワークなどのＩＴに関することは何度教えても理解することができません。社会人経験としての自負もあるので，ご自身でも苦手な部分があることを認めたくないようです。

　Ｇさんは，Ｈさんに対してどのような対応を取ればよいのでしょうか。

【考え方のポイントとアドバイス】

　Ｇさんは，年上の部下がＩＴに関することを何度教えても理解できないので，どうすれば新しいことにも対応してもらえるのか，頭を抱えているようです。

　Ｇさんがとさんに対する対応として，次の３つがあります。

(1)　**部下の強みを活かす。**

　　苦手なＩＴの部分を改善指導するあまり，部下の責任のある事務職として仕事の強みが消えてしまっては，本末転倒です。思い切って強みを伸ばしてもらってはいかがでしょうか。

(2)　**部下の弱みを補完する。**

　　今回のように，ＩＴに関する分野が苦手であれば，得意な人と組むことによって，苦手な部分を補うことができます。また，ＩＴが得意な人にとっても，自己の知識に加えて教えるという技術が高まる可能性があります。

(3)　**部下の自尊心を尊重する。**

　　今まで事務職をやってこられた自負があると思いますので，本人を尊重し

ましょう。

　年上の部下に対して，どのようにマネジメントしたらよいのかを悩んでおられる読者の方に，参考にしていただければうれしいです。

6-6　新入社員への対応

【事　例】

　入社して2か月目の新入社員Ｉさん（22歳，女性）の元気がなさそうなので，上司のＪさん（35歳，女性）は，「最近，元気がないようなので，少し話をしませんか。」と声をかけて面談しました。Ｉさんからは，「先輩から親切に仕事を教えていただいているのですが，うまく仕事が進まないんです。」との答えが返ってきました。さらに，Ｉさんは「最近，眠れなくってしんどいのです。」と続けました。

　Ｊさんは，Ｉさんに対してどのような対応をしたらよいのでしょうか。

【考え方のポイントとアドバイス】

　Ｊさんは，新入社員のＩさんの様子がおかしいことに気がつき，声がけをして面談をしたところ，眠れないという様子を聞き心配なのですね。Ｊさんは，部下の異変に早めに気づき，声がけをしているのは，素晴らしい対応です。ただ，その後どうフォローすべきか迷っているということです。

　部下への対応方法について，次の3つを考えてみました。

⑴　部下の心身の状況をきちんと把握する。

　入社後2か月目ということもあり，新しい環境の変化についていけずに無気力になったり，眠れなくなったりする「五月病」の可能性もあります。面談で部下の心身の情報を把握し，しばらく様子を見守ることが必要です。状

態が長引くようであれば，本人と話し合って，産業医や健康管理室あるいは外部の医療機関につなぎましょう。

(2) **気軽に相談できる体制を作る。**

　新入社員の場合は，「リアリティ・ショック」といって，入社後の現実と事前イメージとのギャップを感じ，心理的に負担を感じることも多いようです。このギャップを埋めるためには，気軽に相談できる体制が必要です。例えば，相談しやすい雰囲気を作ったり，メンター制度などを導入したりします。

(3) **仕事の量や質が適切かどうかを確かめる。**

　新入社員の場合は，仕事の量が多く感じていたり，仕事の質に思いのほか負担を感じている場合があります。本人にとっては「どこから手を付けてよいのかわからない。」のかもしれません。身近なところにゴールを定め，できるだけスモールステップで手順を示します。特に，テレワークのときには，一層の配慮が必要です。

　学生から社会人になることも，本人にとっては心理的ストレスを感じることがあります。何よりも相手の立場に立って対話をすることが大切です。

6-7　部下から病気の告知をされたときの対応

【事　例】

　部下のＫさん（45歳，女性）が健康診断に行ったところ，乳がんのステージⅠということが判明しました。上司のＬさん（49歳，男性）に，相談したいので面談をしてほしいとの申し入れがありました。

　上司としてＬさんは，どのような対応をしたらよいのでしょうか。

【考え方のポイントとアドバイス】

　Lさんは，Kさんが乳がんであることの相談を受け，上司としてどのように対応したらよいのかがわからずに，お困りのようです。

　LさんのKさんに対する対応には，次の4つがあります。

(1)　面談をする。

　① プライバシーの守れる場所を用意する。

　② 面談の目的を明確にする。

　　　例えば，「今回の面談は，仕事とがん治療を両立するための目的で行います。」と話し始めます。

　③ 面談時間を明確化する。

　　　相手が疲れてしまうといけないので，面談は長くとも1時間までがよいでしょう。

　④ 部下の話をしっかりと聴く。

　　　日本人の2人に1人はがんに罹患し，3人に1人ががんで亡くなる時代です。がんと告知されると，心理的な衝撃が大きく，うつ病や適応障害の症状の有病率が高くなります。まずは，気持ちを聴いてほしいと思いますので，相手の話に口をはさまず，共感的に，受容的に受け止めて，相手の心の内を聴き出します。

(2)　就業規則などを確認する。

　会社の就業規則や制度を確認します。人事や総務の方々に尋ねてもよいです。特に確認が必要だと考えられることは，次の項目となります。

　① 有給休暇の事項を確認する。

　　　例えば，部下の有給残日数が何日残っているのか，時間給有給や半日有給があるかどうかなどを確認します。

　② 病気休暇があるかどうか確認する。

　　　社内に病気休暇があるかどうかを確認します。

　③ 「休職」の項目を確認する。

　　　就業規則の中の「休職」の項目を確認します。

①から③の項目を確認し，部下に情報提供をします。

⑶　主治医や産業医など意見を聞きながら職場の環境を調整する。

　　部下からは，主治医に診断書を書いてもらい提出してもらうことになります。主治医や産業医となどの意見を聞きながら進めていきましょう。例えば，病院などに行くために休みやシフトに配慮します。社内に産業医や健康管理室などがない場合は，各都道府県に産業保健総合支援センターがありますので，相談することも可能です。

⑷　社会的資源を活用する。

　　がんに罹患した部下は，経済的なことに不安を軽減させるために，傷病手当金や高額医療費などの社会的資源の情報を提供します。社内に両立支援制度があり，両立支援の担当者がいる場合は連携をとることも可能です。

　　部下には，「経済的にどうしようか。」「これから以前のように働くことができるのか。」「家族に心配をかけてしまわないか。」「薬の副作用や治療費はどうなるのか。」「職場のメンバーは受け入れてくれるのだろうか。」など，たくさんの不安がありますので，真摯に向き合って不安を軽減してあげることが大切です。

6-8　メンタル不調気味の部下がいるときの対応

【事　例】

　　Mさん（35歳，男性）には，Nさん（29歳，男性）という部下がいます。Nさんは，真面目な性格で仕事ぶりが評価されリーダーに抜擢されました。ところが最近，元気がなく表情が暗いようです。Mさんは，Nさんに「最近，元気がないように見えるけど，大丈夫か。」と声をかけました。Nさんは，「大丈夫です。ご心配をおかけしても申し訳ございません。」と答えました。

　しばらく静観しましたが，Ｎさんの状況は好転しないので，２人で話し合いの機会を持つことになりました。すると，Ｎさんは思いつめた顔で，「仕事のことを考えると，夜も眠れません。」と訴えてきました。社内の健康管理室に行くことをすすめたところ，「私の根性がないだけなので，自分で何とかしてみます。逆に，健康管理室を訪れたことが知れると，社内評価が悪くなってしまいませんか。」と強がりました。

　Ｍさんは，どのような対応をとればよいのでしょうか。

【考え方のポイントとアドバイス】

　Ｍさんは，Ｎさんの元気がないのでしばらく様子をみていましたが，状況は好転しません。社内の健康管理室に行くことをすすめましたが乗り気ではないので，どのように対応したらよいのか心配していると推察しました。

　そこで，ＭさんのＮさんに対する対応について，次の４つを提案します。

(1)　面談の機会を作る。

　①　プライバシーを配慮して話を聴く。

　②　面談には少なくとも30分以上ゆったりと時間を取る。

　③　なるべく口を挟まないで，相手の話すことに耳を傾ける。

(2)　「事例性」と「疾病性」に分ける。

　メンタルヘルスマネジメントを行う際には，「事例性」と「疾病性」に分けて考えます。「事例性」とは，業務に支障がなく労務を提供してくれるかどうかであり，「疾病性」とは，診断がつく状態なのかということです。つまり，事例性は上司の担当であり，疾病性は今回の場合は健康管理室の産業医の担当になります。疾病性については，主治医がいる場合は，主治医がそのまま対応することもあるでしょう。真面目な上司ほど１人で抱え込みがちです。そうすると，初動の対応が遅くなります。医療関係者の対応が必要であれば，バトンタッチが早ければ早いほど部下の健康を守ることにつながります。

(3) 健康管理室に行くことを勧める。

部下の話を聴き，「不眠の状況を聴き，背景に病気があるかもしれない。」と感じられるなら社内の健康管理室につなぎ，産業医の面談などを実施してもらうようにします。部下が産業医の面談を受けることを拒んだりする場合は，上司が産業医に会いに行き，部下への対応も含めて今後のことを相談します。

(4) 社内評価が悪くなることはないと伝える。

会社は，安全配慮義務があるので，健康管理室に行っただけで社内評価が悪くならないと伝えます。

今回のケースは，ラインのケアのLINKの部分（いかにうまく健康管理室につなぐのか：63ページ）を迅速に行うことが大切です。

6-9 人事異動によって意欲が低下しそうな部下への対応

【事　例】

経営企画室の係長Pさん（35歳，男性）は，Oさん（27歳，男性）の直属の上司です。Oさんは，入社3年後の25歳のときに，希望していた経営企画室に配属され，やりがいをもって仕事に取り組んできました。また，Pさんは，今後のキャリア支援についても，Oさんの相談にのっていました。

ところが，突然，Oさんに他の部署に異動するよう内示がありました。来月には，Pさんは本人に辞令を伝えなければなりませんが，仕事に対する意欲が低下してしまうのではないかと，とても心配しています。

Pさんは，Oさんにどのように対応すればよいのでしょうか。

【考え方のポイントとアドバイス】

　Pさんは，経営企画室でやりがいを感じて仕事に取り組んでいるOさんが，他部署に異動する内示によって，仕事に対する意欲が低下してしまうのではないかと心配していると推察しました。そこで，PさんがOさんに対する対応の仕方について，次の4つを提案します。

⑴　部下の気持ちや今後の目標などをよく聞く。

　部下の気持ちや今後の目標などをじっくりと聞きます。Oさんは，落ち込んだり，ショックを受けるかもしれませんが，Pさんが話をじっくり聞くことによって，気持ちが落ち着いたり，自分の考えがまとまる効果があります。

⑵　部下の目標を，部下が「やりたいこと」「できること」「会社が求めていること」に分ける。

　Oさんは，「やりたいこと」が明確になっていますから，会社が部下に求める目標の中から共通項として「できること」と「会社が求めていること」を示す橋渡しをします。ここでいう「できること」とは，業務遂行能力や資格保持者であるなどです。

⑶　「やりたいこと」と「会社が求めていること」を近づける。

　部下が「やりたいこと」と「会社が求めていること」を近づけます。例えば，「やりたいこと」としてデータ分析があるとすると，新しい部署で「会社が求めていること」としてもデータ分析の業務があるなどです。ここでのポイントは，社員に会社が求めることを押し付けないようにすることです。また，会社として「部下に与える目標を盛り込める部分がないか。」を部下自身に考えてもらいましょう。どうしても思いつかないときには，部下にできることを挙げてもらい，今後のキャリアにおいて活用できないかなどの方向性を考えてもらうとよいでしょう。

⑷　できれば，異動の理由を伝える。

　できれば，Oさんが人事異動になる理由を関係部署に尋ねます。そして，辞令を発表するときに，Oさんが人事異動になる理由を，Pさんが伝えます。例えば，「これから配属する部門でOさんが経験を積んで，さらにキャリアアッ

プすることを会社は期待しているんだよ。」などです。部下も，理由を聞くことにより納得度が高まることがあります。

部下のやる気を低下させたくないというPさんの気持ちはわかりますが，マネジメントの目的は，「スタッフを通じて業績や労働生産性を上げること」です。あくまでも，部下のやる気は自分自身で高めることが基本と考えます。

6-10 子育てと仕事の両立に不安を持つ部下への対応

【事 例】

入社5年目の事務職のQさん（27歳，女性）は，半年前に結婚し，まもなく妊娠しました。Qさんは，直属の上司であるRさん（35歳，男性）に相談し，「子供が授かったことはうれしかったのですが，子育てと仕事との両立ができるかどうか不安を感じています。このまま仕事を続けるべきか迷っています。」という話をしました。

この職場には，妊娠を機に退職する人が多く，育休制度はあるものの，これまで利用した人はいません。上司としては，Qさんの仕事の評価も高く，できればこのまま仕事を続けてほしいと願っています。

上司としてRさんは，どのような対応をしたらよいのでしょうか。

【考え方のポイントとアドバイス】

Qさんが妊娠を機に，このまま仕事を続けるべきかどうか迷っています。Rさんは，相談にのるときにどのように話しをすればよいのか迷っているのだと推察しました。

RさんがQさんに対して接する方法として，次の4つを提案します。

(1)　部下の気持ちや事情をしっかり聴く。

　Ｑさんは，はじめての出産に際して，子育て，家事などと仕事の両立ができるのか不安を感じておられるのだと思います。そこで，しっかり部下の話を傾聴し，正直な気持ちを聞きましょう。そして，仕事と家庭の両立で何が不安なのかを聞き，不安を軽減できることがあれば提案します。

(2)　短期的にだけでなく，中長期的にキャリアを考える。

　不安でいっぱいになっているときは，短期的にものごとを捉えがちです。今後のキャリアについてどうなりたいのかなども踏まえて，中長期的に考えて仕事を続けるのがよいのかどうかを考えてもらいます。

(3)　仕事の評価が高く，続けてほしいという意思表示をする。

　上司として，「仕事の評価が高く，続けてほしい。」という気持ちを伝えます。

(4)　ロールモデルの役割を担っている。

　育児休業制度を取得した前例がない会社なので，育児休業制度を取得した第1号のロールモデルとしての役割を担ってもらうことで，後進の者が制度を活用しやすくなることを伝えます。

　部下の気持ちや事情をしっかりと聴き，自分のキャリアを考えてもらいながら，押し付けることなく，部下に自分のキャリアについて選択していただけるとよいでしょう。

6-11　親の介護と仕事の両立で悩む部下への対応

【事　例】

　係長のＴさん（35歳，男性）は，部下のＳさん（45歳，女性）に，「親のことで相談にのってほしいので，少しお時間をいただけないでしょうか。」と尋

ねられて，面談の時間を取りました。

　Sさんは，一人娘であり，遠方に住んでいる父親（79歳，男性）は，要介護1です。母親（76歳，女性）は，父親の介護をしてきましたが，最近転倒して足が悪くなり，母親も要支援1になりました。そのことが，両親の生活についてSさんが考える契機になりました。ご両親は，口をそろえて「昔から住み慣れた場所から離れたくない。」と言われているようです。Sさんは，介護と仕事の両立の狭間で悩んでおり，Tさんに相談をしたのでした。

　Tさんは，Sさんにどのように対応すればよいのでしょうか。

【考え方のポイントとアドバイス】

　Tさんは，Sさんが親の介護と現在の仕事の両立が可能なのか一緒に考えることになりました。Sさんにどのような選択肢があるか検討することになるでしょう。

　次のようなアプローチが考えらえます。

(1)　**部下の話を聴き，どうしたいのか意向を聴く。**

　　部下の話をじっくりと聴いて，本人の意向を聴きます。親元で介護したいのか，親を施設に預けることを検討し仕事を優先するか，あるいは，両立が可能なのか，などです。

(2)　**会社の制度を確認する。**

　　有給休暇や介護休業などの制度について情報を提供します。会社の制度について，人事や総務などの手続きをしている人や詳しい人と協議し，内容を伝えます。

(3)　**部下に親の介護に関する社会的資源を調べるように促す。**

　　親の介護について，地元の地域包括支援センターなどの社会的資源の情報についてよく調査するように本人に促します。

(4)　**環境の調整や必要な支援する。**

　　有給休暇や介護休業の制度を活用するためには，職場における環境の調整をし，必要な支援を行います。

　親の介護か仕事か，もしくは両立か，悩む部下の意向を聴き，会社の制度，介護に関する社会的資源に関する情報を提供し，必要な支援を行います。適切な配慮型マネジメントを行うことが大切です。

6-12　テレワークのときの対応

【事　例】

　主任であるＵさん（33歳，男性）は，ＩＴ会社に勤務しており，コロナ禍を機に全社的にテレワークを行うことになりました。Ｕさんは部下のＶさん（26歳，男性）に，１日５回必ず業務の進捗を報告するように伝えていますが，報告忘れのミスが目立ちます。折に触れて改善するように伝えていますが，まだまだ徹底されていません。

　Ｖさんから適切な報告を得るためには，どうすればよいのでしょうか。

【考え方のポイントとアドバイス】

　テレワークのときの報告忘れが目立つＶさんに対して，どのように指導すればよいのか迷っているようです。次の３つの改善点があります。

(1)　**オンラインミーティングを効果的に行う。**

　　テレワーク時は，オンラインミーティングが鍵を握ります。効果的なミーティングにするために，事前にアジェンダ（進行表）を送ります。リアルのミーティングより疲れやすいため，通常のミーティングより短めにするなどの工夫をします。Ｖさんの仕事の進捗が滞っているときは，個別に「何か困ったことはないですか。」と，上司から声がけをしましょう。

(2)　**業務の優先順位を共有する。**

　　部下と業務の優先順位を共有し，効果的に仕事を割り振ることが大切です。ゴールに向けて業務ができているかどうかが大切であり，報告することに依

存しすぎると生産性が落ちる場合があります。「1日5回報告することが適切なのかどうか」「報告の方法やツールが適当なのか。」などを再確認しましょう。

(3) **部下に合わせて個別に対応する。**

部下の業務量やレベルを知り，部下のマネジメントを行います。また，部下がテレワークを行う環境もそれぞれに異なるため，配慮が必要です。

テレワークのときのマネジメントで大切なことは，「自律性」です。テレワークは実際に仕事の進捗が見えにくいので，「さぼっているのではいないか。」などと疑心暗鬼にならずに，個別に対応し成果を出しているかどうかを確認しましょう。

6-13 氷河期世代の部下への対応

【事　例】

主任のWさん（35歳，男性）の部下として，契約社員のXさん（46歳，男性）と新入社員のYさん（22歳，男性）がいます。ベテランのXさんにYさんの教育係を頼みました。XさんがYさんに仕事を教えてくれるのはありがたいのですが，何かにつけて「君はいいなぁ。私の時代は今みたいに優遇されていなかったからな。」ということをたびたび発言します。

Wさんは，世代や経験値が違う新入社員に対して，やる気をそぐような言葉を言わないでほしいと思っていますが，Xさんにどのような指示をすればよいのでしょうか。

【考え方のポイントとアドバイス】

Wさんは，XさんがYさんに指導するたびに「私の時代は今みたいに優遇されていなかったからな。」というような発言を繰り返すことに対し，Xさんに態度を改めてもらいたいと思っているように推察しました。

Xさんにもやる気を取り戻してもらえるように，Wさんは，次の3つのように働きかけるとよいでしょう。

(1) WさんがXさんの気持ちをしっかりと聴く。

主任であるWさんが，Xさんの気持ちをしっかりと話を聴きます。Wさんがアドバイスをするというより，傾聴することでXさんが自分の気持ちをわかってもらえたと思うことが大切です。また，Xさん自身も自分が考えていることの整理ができます。

(2) Xさんに対して会社が求めている役割を明確にする。

Xさんに対して会社が求めている役割やWさんが求めている期待値を共有します。「Yさんの教育係を通して，Xさんもさらに成長していただきたい。」などと伝えるとよいでしょう。

(3) Wさんが，Xさんをサポートする意思があることを伝える。

「Yさんは優遇されている。」と繰り返すことは，Xさんは十分サポートしてもらっていない，私にも目を向けてほしいと考えている可能性がありますので，困っていることがあれば相談にのり，サポートできることを伝えます。

就職氷河期は，1990年代から2000年代の雇用環境が厳しい時期に就活を行い，希望する就職ができずに課題を抱えた世代でした。Xさんが，「私の時代は今みたいに優遇されていなかったからな。」という言葉は，就職氷河期を指しているものと思われます。就職氷河期の厳しさに対しては共感するところもありますが，現在自身が求められていることにしっかりと向き合ってもらう必要があります。

6-14 ゆとり世代の部下への対応

【事　例】

　営業部リーダーのＺさん（49歳，女性）は，Ａさん（32歳，男性）と一緒に仕事をしています。先日Ｚさんが，取引先の営業部長（57歳，男性）と面談をしたところ，「君のところのＡさんのことだが，面談中にスマホを触っているのが気になったよ。」と指摘されました。

　後日，Ａさんにこのことを伝えると，Ａさんは，「スマホでメモを取るのは，手書きよりも早いし効果的なんです。悪いことなのでしょうか。」と首をかしげました。

　Ｚさんは，Ａさんにどのようなアドバイスをすればよいのでしょうか。

【考え方のポイントとアドバイス】

　Ｚさんは，世代の違うＡさんに対して，どのようなアドバイスをしたら効果的なのかを考えておられるように推察されます。

　次の２つをアドバイスします。

⑴　**ルールは職場ごとに異なることを伝える。**

　　ビジネスマナーは，相手に不快感を与えずに仕事を円滑に行うためのものです。世代や企業ごとに，マナーやルールは異なるものです。Ａさんの会社ではスマホでのメモが許されていても，取引先の営業部長を不快にさせたことは事実なので，TPOをわきまえるように指導をします。

⑵　**Ａさんと取引先の営業部長の面談を振り返る。**

　　Ａさんに取引先の営業部長と面談を思い出してもらいながら，ＺさんもＡさんと一緒に振り返ってみましょう。本人だけが振り返っても，世代間の価値観のギャップに気づくことは難しいものです。リーダーであるＺさんが入ることにより，他者の視点に触れることができます。Ａさんが取引先の営業部長に対して取るべきだった態度や姿勢に気づくことができるでしょう。

　Aさんが属する世代は，ゆとり世代または「コスパ」世代ともいわれ，効率を重視する傾向があります。この事例でも，スマホでメモを取ることが当然だと考えて効率を重視しています。一方，取引先の営業部長はバブル世代なので，スマホの扱いを例にとっても価値観が異なります。Aさんには，相手の状況を理解したうえで接することが大切であることを伝えましょう。

6-15　Z世代の部下への対応

【事　例】

　Cさん（26歳，男性）は，2年前に結婚をしました。Cさんは，係長のBさん（56歳，男性）に「子供ができまして。妻のサポートをしたいと思うので，産まれたら育休をいただきます。」と笑顔で報告しました。Bさんは内心，「私たちの時代は，男性の育休など考えられないが・・・。」と思い，特に答えずにいました。

　Bさんは，Cさんにどのような声がけをしてあげたらよかったのでしょうか。

【考え方のポイントとアドバイス】

　Bさんは，Cさんから育休の取得する意思を聞かされ，内心，複雑な気持ちになっていたと推察されます。

　Bさんは，Cさんに対してどのような対応が望ましいのか，次の3つを提案します。

⑴　子供ができたことを共に喜び合い，「おめでとう！」と伝える。

　「君もいよいよお父さんだね。おめでとう！」と祝福します。「男性が育休を取るなんて信じられない。」などと言ってしまったら，パタハラ（パタニティハラスメント）になりかねません。パタハラとは，男性社員が育児休暇を取得するとき，職場から受ける嫌がらせのことです。

(2) 部下の価値観を知り，認める。

　Bさんの世代とCさんの世代では，育児に対する価値観が異なっています。部下の価値観を知り，認めることが大切です。

(3) 育休制度を取得ができるように，フォローをする。

　Cさんが育休を申請したら，職場全体で休暇時の仕事の調整を図り，環境を整えてフォローします。育児休暇中は何かとフォローが大変だと思うかもしれませんが，狭い視点でみるのではなく，職場全体の視点で考えることが大切です。

　Z世代は，ワークライフバランスの価値観を大切にします。国の方針として，男女関係なく育児休業を取得しやすい環境を推進しています。あるデータによると，Z世代の男性社員の育児休暇の申請に対し，ベテラン世代の管理職は「男性は仕事優先して当然だ。」と育休取得に対してネガティブな捉え方をする人も多いようです。企業の経営者やリーダーにとって価値観が異なると思いますが，働きやすい職場環境を創ることが大切だと考えています。

6-16　外国人の部下への対応

【事　例】

　主任のDさん（35歳，男性）は，外国人実習生のEさん（22歳，女性）にホテルの清掃業務の指導をしています。ある日，Eさんは部屋の掃除を終わった後に，手に傘を持ちながら「部屋に置き忘れていた傘なので，もらってもいいですか。」と尋ねてきました。

　Dさんは，Eさんにどのように伝えたらよいのでしょうか。

【考え方のポイントとアドバイス】

　Dさんは，お客様の忘れ物の取り扱いについて決められていることを，Eさんが正しく理解できるように，次のように指導します。

⑴　ホテルのルールを教える。

　忘れ物の取り扱いについて，Eさんと一緒にホテルのルールを確認します。例えば，3か月経過した忘れ物は，警察に遺失物として届けるなど細かく決められているはずです。忘れないように，メモを取ってもらうことも有効です。

⑵　理由を教える。

　「なぜ傘をもらってはいけないのか。」の理由を伝えます。国によって文化や慣習が違いますので，日本の職場でのルールを徹底して教えます。

⑶　わからないときは質問するように教える。

　わからないときは，何でも質問するように教えます。また，困っているようなときは，上司から部下に声がけをしましょう。

　外国人の部下を指導する場合は，日本の文化や職場のルールを理解していないことがありますので，些細なことであっても個別に丁寧に教えてわかってもらうことが大切です。

【上司を悩ます困った部下への対応】

6-17　ミスが多い部下への対応

【事　例】

　Ｆさん（35歳，男性）は，経理課の主任であり，直属の部下にＧさん（28歳，男性）がいます。Ｇさんは入社２年目で，当初は仕事に慣れていないことが原因でミスをしていたのかと思っていましたが，何度注意をしてもミスは多いままで改善されません。Ｇさんのミスが多いことには，他の社員もうんざりしているようです。

　Ｆさんは，Ｇさんに対してどのような対応をとったらよいのでしょうか。

【考え方のポイントとアドバイス】

　Ｆさんは，Ｇさんに何度注意をしても，ミスが多いままで改善されないことの原因は何なのかと，考えをめぐらせているようです。

　担当者が，Ｇさんに仕事をしっかりと教えているのかについて，再確認してみてはいかがでしょうか。監督者のための企業内訓練であるＴＷＩの「仕事の教え方」においては，教え方の４段階があるといわれており，「相手が覚えていないのは，自分が教えなかったのだ。」という教えがあります。

　教え方の４段階とは，次のとおりです。

第１段階……習う準備をさせる。
第２段階……作業を説明する。
第３段階……やらせてみる。
第４段階……教えたあとをみる。

　この４段階をしっかりと踏んで教えているのかどうかを確認しましょう。

　仕事を覚えることは人によって差がありますので，仕事の教え方について再確認します。ミスが多いようであれば，第4段階目の「教えたあとをみる」の工程をきちんとフィードバックしてあげましょう。

6-18　就業中に感情的になってしまう部下への対応

【事　例】

　Hさん（30歳，男性）は，営業部のチームリーダーであり，直属の部下に営業事務のIさん（28歳，女性）がいます。彼女は，仕事はできるのですが，気性が激しく，周囲の人間から距離を置かれています。ある日，Iさんが同僚のケアレスミスにすごい剣幕で怒っているのを見て，Hさんも仲裁に入りました。個室でIさんと2人で話そうとしましたが，彼女は普段から弁がたつうえに怒りで興奮しているので，逆に言い負かされてしまいました。

　Hさんは，Iさんに対して，どのように指導すればよいのでしょうか。

【考え方のポイントとアドバイス】

　Hさんは，どうすればIさんが職場での良好な人間関係を築けるのか，たいへん心配している様子です。

　HさんがIさんに対する対応策は，次の3つになります。

(1)　部下の話をしっかりと聴く。

　Hさん自身が部下の影響を受けて，感情的にならないことが大切です。Iさんが感情的になっているところから見て，何らかの事情がある可能性があります。できるだけ相手を理解しようとする態度で聴きましょう。しかしながら，Iさんの希望する内容によっては希望に添えないこともあり，その場合は，その旨を伝えるか，もしくはHさんの上司と相談して後日に回答する旨を伝えます。

(2) 部下と話し合いの機会を持つときは事前に準備をする。

感情的な部下との話し合いの場合は，つい相手のペースになって振り回される傾向がありますので，面談前に準備をします。面談の目的を明確化し，面談時間などを決めておきます。複数名で対応する場合は，その旨を相手に事前に通知しておきます。

(3) 部下が興奮状態のときは，時間を味方につける。

話し合いの機会を設けても，引き続き興奮状態の場合は，無難な理由をつけて，また別の日に改めて話したい旨を伝えます。「実はとても言いにくいことなのですが，あなたがそんなに怒っていると，私は落ち着いて話すことができません。だから，明日の午後2時にもう一度話し合いませんか。」と一旦クールダウンさせて，後日時間をゆっくりかけてアサーションの方法を使って提案してみることも一案です。

アサーションの表現方法については，「5-8　部下に適切に伝える方法【アサーション】」（91～94ページ）を読んでください。

相手の怒りの感情を抑えることは難しくても，相手に振り回されないように事前準備をして対応することはできます。部下との対応について，参考にしてみてください。

6-19　業務命令に従わない部下への対応

【事　例】

製造の主任Ｊさん（37歳，男性）は，いつも業務命令に従わない部下のＫさん（27歳，女性）に困り果てる毎日を送っています。「この仕事をお願いします。」と水を向けてみても，「いや，私は別の仕事がしたいです。」と言って，自分のやりたい仕事しかしません。厳しく言いすぎると，「パワハラですよ。」と言わ

れてしまいました。

　このようなKさんに対して，どのようにすれば業務命令に従ってもらえるのでしょうか。

【考え方のポイントとアドバイス】

　Jさんは，業務命令に従わない部下のKさんに対して困り果てている様子です。

　Jさんが，Kさんに対する対応方法について，次の3つの提案をします。

⑴　業務命令に従えない部下の言い分を聞く。

　Kさんに「業務命令に従わずに好きな仕事をしたいという理由は何なのか。」を聞きます。現状の仕事がご本人にとって難しくてできないようならば，丁寧に教えたり，できる限りのサポートをしたり，環境を調整するなどを提案します。Kさんの一方的なわがままな事情であれば，業務の内容について明確に提示することが必要です。

⑵　業務命令とパワハラとの違いを説明する。

　業務命令とは，業務を遂行するうえで必要かつ合理的な命令のことです。労働契約法第6条（労働契約の成立）には，「労働契約は，労働者が使用者に使用されて労働し，使用者がこれに対して賃金を支払うことについて，労働者及び使用者が合意することによって成立する。」と記載されています。雇用契約書の中に「従事する業務の内容」について記載されていますので，確認するとよいでしょう。

　一方，厚生労働省が定めるパワハラの定義として，次の3つのすべてがあてはまるものとしています。

> ①　優越的な関係に基づいて行われること。
> ②　業務の適正な範囲を超えて行われること。
> ③　身体的若しくは精神的な苦痛を与えること，又は就業環境を害すること。

このように業務命令とパワハラの違いを説明し，自分の好きな仕事ばかり
をすることを注意したことがパワハラになることはないということを，しっ
かりと伝えます。

何度説明や指導をしても，あまりにも対応がひどい場合には，Ｊさんの上
司に相談して，対応を協議します。

(3) 評価について確認を行う。

評価面談のときに，部下に対してどうなってほしいのかをきちんと説明し
ます。また，評価期間が終わった後もしっかりとフィードバックを行います。
詳しくは，「5-2　はじめての部下の評価を適切に行う」（82〜84ページ）で
確認してください。

まずは，業務命令に従わない部下の言い分をしっかりと聴くところから始め
るとよいでしょう。最初から業務命令に従わなかったわけではないと思います
ので，早合点せずに状況を把握したうえで，ケース・バイ・ケースで対処を考
えましょう。

6-20 「自分だけ仕事量が多い」と不公平に感じている部下への対応

【事　例】

Ｌさん（32歳，女性）は，とても責任感が強く，業務を依頼すると周囲のメ
ンバーより迅速に質の高い仕事をしてくれます。そのため，職場のメンバーか
らは，いつも頼りにされていました。しかしながら，Ｌさんは，周囲から頼ら
れ続ける毎日に心身ともに疲れてしまい，「転職を考えている。」と係長のＭさ
ん（40歳，女性）に相談がありました。

Ｍさんは，どのように対応したらよいのでしょうか。

【考え方のポイントとアドバイス】

　いつも頼りにしているＬさんから急に「転職を考えている。」と打ち明けられて，仰天しているＭさんの様子が目に浮かびます。

　ＭさんのＬさんに対する対応について，次の３つを考えてみました。

⑴　部下の話をしっかりと聴く。

　Ｌさんの気持ちや業務の負担になっているところなどの話をしっかりと聴きます。気持ちを打ち明けてくれたことに対して，ありがたい旨を伝えます。心身ともに疲れている様子なので，要望があれば，有給休暇などを利用して休養することも可能であることを伝えます。

⑵　仕事ぶりに期待していたことを伝える。

　Ｌさんの仕事ぶりに期待していたので，追い込まれているＬさんの気持ちに気づいてあげることができずに申し訳なく思っていることを伝えます。

⑶　割り当てについて見直しをすることを提案する。

　業務の負担を考慮して，仕事の割り当てについて職場全体で見直しをすることを提案します。

　Ｌさんのように責任感が強く，自分の思っていることを外に出せない場合には，本人が過剰適応になりがちです。過剰適応とは，自分の気持ちを押し殺して，相手や環境に必要以上に合わせてしまい，自分の気持ちを１人で抱え込みがちです。早めに相談してもらえる関係を作ることが大切です。

6-21　無駄に残業が多い部下への対応

【事　例】

　営業部の係長のＮさん（38歳，男性）は，会社の方針として残業を削減するように指示されています。全社をあげて残業の削減に力を入れており，徐々に

残業時間も減ってきました。その成果もあり，営業部の残業時間の１か月当たりの平均は15時間程度です。

　そのようななかで，営業部のＯさん（44歳，男性）だけは，残業が１か月当たり60時間程度もあり，他のメンバーと比べても残業時間が突出しています。本人に話を聞いてみると「日々，お客様のクレーム対応に追われています。」「納期の遅れに緊急の対応をしていて……。」などのもっともらしい答えが返ってきました。

　このようなＯさんに対して，Ｎさんはどのように対応したらよいでしょうか。

【考え方のポイントとアドバイス】

　Ｎさんは，Ｏさんの残業が１か月当たり60時間程度であり，他のメンバーよりも多い中で，今日も当然のように残業するＯさんに会社の意向を伝えたいのですね。そこで，ＮさんのＯさんへの対応について，次の３つを提案します。

⑴　**普段の仕事ぶりについてねぎらう。**

　残業時間が多いことは問題ですが，仕事ぶりが悪いわけではないので，まずは，ねぎらいの言葉がけをします。

⑵　**１日のタイムスケジュールを細かく聴く。**

　残業時間の多さについて聞くと，お客様のクレーム対応や納期の遅れということなので，１日のタイムスケジュールを出してもらい，細かく内容を聴きます。「誰か他のメンバーで対応できないか。」「無駄な業務がないか。」などを確認します。

　厚生労働省の「過重労働による健康障害を防ぐために」（パンフレット）によると，残業が１か月当たり45時間を超えると健康リスクが徐々に高くなるので，健康の側面からも心配であることを付け加えて説明します。

⑶　**残業を削減するための対策について検討する。**

　残業を削減するための対策について検討すると，例えば，次のような事例が挙げられます。

> ① 残業時間の部門や個人別などを把握して実情を把握する。
> ② 残業は事前申告制にし，確認する。
> ③ 不要な仕事がないかどうか仕事を棚卸しする。
> ④ 個人に仕事の偏りのないように各人が色々な仕事ができる体制にする。
> ⑤ DX化する。
> ⑥ ノー残業デイを導入する。　　など

　当初から長時間の残業をする理由の本音を部下から聞くことができればよいのですが，なかなか本音が出てこないケースもあります。そこで，テーマを設けてミーティングをするなどの対策を検討しながら，現実的な落としどころを見つけることが大切です。

6-22　価値観が異なる部下への対応

【事　例】

　経理の係長のPさん（47歳，女性）は，即戦力と期待されて中途採用で入社した部下のQさん（35歳，女性）を，しばらく見守っていました。Qさんは，前職の仕事の進め方を持ち込んでミスをしたり，一般常識に若干欠けていてクレームを起こしたりと，予想外に苦戦をしているようです。

　今さらながら，はじめからきちんとコミュニケーションを重ねておけばよかったと，Pさんは後悔しています。

　Pさんは，Qさんに対して，どのような対応をとればよいのでしょうか。

【考え方のポイントとアドバイス】

　Pさんは，即戦力として中途採用のQさんをしばらく見守っていましたが，

ミスやクレームがあるため，彼女と今後どのようにコミュニケーションを取っていこうか悩んでいると推察しました。

Ｐさんの Ｑさんへの対応について，次の３つのコミュニケーションのアプローチを考えてみました。

(1)　部下の仕事の仕方についてしっかりと現状を聴く。

　　部下の仕事の仕方について，しっかりと現状を聴きます。仕事には，仕事の経験，能力や知識などの専門性だけでなく，適切な報告，連絡，相談をすることも必要なことを伝えます。わからないときや困ったときには，適宜，相談してもらえる環境を作ります。

(2)　仕事の目的を共有する。

　　Ｑさんは転職組なので，前職での方針を持ち込んでいる可能性がありますので，仕事の目的を共有します。例えば，「当社の方針は，お客様のために仕事をしており，仕事の正確性とお客様とのコミュニケーションを大切にしている。」などです。お互いの認識にずれていないかを確認し，ずれている場合にはそれを埋める必要があります。

(3)　部下の仕事ぶりを適切にフィードバックする。

　　Ｑさんは，前職での仕事の仕方が身についているかもしれないので，よいときは褒め，方針がずれているときは「なぜこのような方法を取ったのか。」などとヒアリングをして，どのように改善すればよいのかを話し合います。

(4)　評価についても説明をする。

　　新組織での評価の方法などを説明していない場合は，きちんと説明をすることが大切です。

　　即戦力での中途入社といえども，上司の期待値と同じ仕事ぶりを発揮してくれる部下ばかりではないので，今回の相談者のＰさんが感じているように上司が部下へ求めていることについて，着任時にきちんと説明します。そのうえで，同じベクトルで業務を進めてもらえるように，コミュニケーションを取るとよいでしょう。

6-23　業務はきちんとこなすが協調性がない部下への対応

【事　例】

　係長のRさん（49歳，男性）は，3人の部下を持っています。そのうちのSさん（33歳，女性）は，業務はきちんとこなしますが，協調性に欠けるようです。仕事が早いため，必然的に多くの仕事を任せ，他の2人のサポートに入ってもらうこともありますが，そういった折に露骨に嫌な顔をしたり，新たに頼んだ仕事は棚上げにすることもありました。

　以前にRさんがSさんと面談の機会を設けたところ，Sさんは，「私の給料が一番低いのに，人一倍働かせるのは，納得がいきません。私ばかりに仕事が増え，割に合わないのではないでしょうか。能力に応じた給料が出ていない以上，できない2人と同じ仕事量で働かせてほしい。勝手な仕事のレベルを私に押し付けないでほしい。」と言って不満をあらわにしました。Rさんは，「このままだと，残念ながら君の勤務態度について，人事にはあまり良い評価を報告できないな。」と答えざるを得ませんでした。

　Rさんは，Sさんに対して，今後はどう接したらよいのでしょうか。

【考え方のポイントとアドバイス】

　Rさんは，業務はそつなくこなすが協調性に欠ける部下のSさんに対して，どのように接すればよいのか迷っているように推察しました。Sさんは，職場での生産性は高いのですが，給料が低いのに他のメンバーより仕事量が多いことに不満を抱いているように感じました。

　RさんのSさんへの対応方法として，次の3つが考えられます。

(1)　部下の意見に耳を傾ける。

　部下自身が答えを見つけることが望ましく，ご自身の考え方が正しいという思いは，脇に置いておきます。Rさんは，仕事ができる部下であるSさんに対して期待しており，協調性を持って仕事をしてもらいたいという気持ち

があると思います。まずは，最後まで話を聞くことで，部下の承認欲求が満たされます。

⑵　部下の良所を褒め伝える。

　　他のメンバーの仕事まで引き受けてくれているので，その部分については認め，期待していることを伝えます。

⑶　評価をする際のポイント。

①　評価対象の項目を振り返る。

　　どのような着眼点を持って業務評価をするかという評価対象の項目を具体的に挙げて期待値を振り返ります。係長として，部下にどのような行動を求めているかが大事な基準となるでしょう。

②　評価について部下と共有する。

　　部下が「どこまでできたか」という評価期間の客観的事実を確認します。事実を一緒に確認し，納得してもらうことが必要です。得意な部分は伸ばしつつ，また個人の適性を見極めつつ，「今後，本人がどこまで目指したいか。もしくは，目指せそうか。」を共有します。今はできなくても，将来的に目指したい行動やスタイルを見据えて，部下が現実的にできそうな到達点を示すとともに，長期的視点で，今後のキャリアを積むなかで身につけていくことに合意してもらうことをおすすめします。

③　評価のフィードバックの方法

　　人事考課におけるフィードバックにおいて，サンドイッチ型のフィードバックをしてみてはいかがでしょうか。具体的には，ポジティブなフィードバック → 改善点 → 再びポジティブなフィードックのように，「褒める」間に「改善点」を挟むやり方です。先にポジティブなフィードバックを話すことにより，部下が上司の話を聞く土壌を作ります。そのうえで，改善点を伝えたほうが，改善点を聞いてもらいやすい効果が期待されます。

　　このように部下の話を傾聴し，よい部分を尊重し，お互いに評価に合意できるようにすることが大切です。

6-24　言い訳ばかりする部下への対応

【事　例】

　こども園において保育士の学年主任をしているTさん（35歳，女性）は，定年退職後に再雇用されたパート保育士のUさん（61歳，女性）が保護者からの苦情に対して不適切な対応や，保育計画の未提出など問題となる行為が多いことに，とても頭を痛めています。必要な指導をすべく面談などを行っても，「業務が忙しくて，それどころじゃない。」「私なりに，一所懸命やっています。」などと，数々の理屈を並べたてます。Uさんは，少々弁も立ち，気分次第では何時間でも話す人で，30分程度の面談では，別の話にすり替えられてしまい，逆にTさんが責められてしまいました。Tさんは，今後どのように指導してよいものかがわからずに，途方にくれてしまいました。

　Tさんは，Uさんに対して，どのように対応したらよいのでしょうか。

【考え方のポイントとアドバイス】

　Tさんは，Uさんに業務上の指導をしても言い訳ばかりするので，どのように指導すればよいのかがわからずに困っていると推察できます。

　TさんがUさんにする対応の仕方について，次の3つを考えてみました。

(1)　**普段の仕事でできている部分を承認する。**

　　定年退職後に再雇用されている部下なので，長年のキャリアを活かし，普段できている部分を承認します。

(2)　**部下の仕事ぶりについてよいかどうかを伝える。**

　　業務において改善してほしい課題に向き合ってもらうために，仕事ぶりについて他者と比較するのではなく，それぞれの事実に基づいて仕事ぶりがよいのかどうかを伝えます。

(3)　**面談の場を設ける。**

　　面談の場を設け，相手の話をしっかりと聴く時間を取り，面談の場を設け

ます。気分次第で会話がずれる可能性がありますので，相手に振り回されることなく，目的を持って面談に臨みます。

　誰しも，言い訳をしたくなることはあるでしょう。しかしながら，終始言い訳ばかりしていても何の解決にもなりません。私の経験では，定年退職まで正職員で働いて再雇用でパート職員になると，やる気が低下する方が多くいらっしゃいます。各々の役割が違うことを理解してもらい，シニアの方を尊重して指導するとよいでしょう。

6-25　意欲はあるが行動が伴っていない部下への対応

【事　例】

　Ｖさん（38歳，男性）には，Ｗさん（53歳，女性）という部下がいます。彼女はベテランなので，定型の仕事は得意としています。そんな彼女から「新しい企画を立案する仕事をしたい。」と希望が出され，「それならば，何かアイデアはありませんか。」との意見を求めたところ，何も提案してきませんでした。その後に経過を尋ねると，「アイデアを出せるようにするのが，上司の仕事だ。」と言い放ちました。

　Ｖさんは，Ｗさんに対して，どのように対応すればよいのでしょうか。

【考え方のポイントとアドバイス】

　Ｖさんは，Ｗさんが定型の仕事は得意としているが，新しい企画の立案を希望するものの提案がないので，どのように対応したらよいのかがわからない状態のようです。

　部下が新しい企画の立案を希望するものの，行動が伴っていない部下を動かすには，どのように対応すればよいのかについて，次の２つを提案いたします。

(1) 業務を細分化して考え，スモールステップで目標を立てる。

　　部下が新しい企画の立案ができるようにするためには，業務の視点（現状把握法，分析の視点，企画立案への考え方など）を示し，段階的に積み上げ経験をする過程が必要となります。一連の業務を任せるよりも，スモールステップで目的を立てるようにします。

(2) 評価について部下と共有する。

　　評価期間において，部下がどこまでできたのかという事実を確認します。得意な部分は褒めて，できなかったところは個人の適性もあるので様子を見極めつつ，今後本人が何を目指しているのかを共有します。今回の場合は，部下が自ら新しい企画立案に取り組む気があるのかどうかを確認します。新しい企画立案が進まないようであれば，今までどおりの定型の業務に戻ることに合意してもらうことも一案としてあります。

　　このような場合は，職場の環境や上司のせいにするのではなく，自分の意志で行うことを認識させることが大切です。

6-26　業務遂行に不安を感じる部下への対応

【事　例】

　　B型作業所の正職員として新卒採用されたXさん（22歳，男性，社会学部卒）は，入社して半年が経過している現在，何度教えてもいまだに業務を遂行できないようです。作業所内には，仕事をきちん教える教育システムがあり，マニュアルも整っています。直属の上司であるYさん（40歳，男性）は，今後どのように教育すべきか頭を痛めています。

　　上司としてYさんは，どのように対応をしたらよいのでしょうか。

【考え方のポイントとアドバイス】

　Yさんは，Xさんが何度教えても業務を遂行できないことに対して，どのように対応したらよいのかわからずに困っているのだと推察しました。

　YさんがXさんに対応する方法について，次の4つを提案します。

⑴　相手の話をしっかりと聞いているのかを確認する。

　話をしているときに相手が，他のことを考えたり，気が散ったりしていないかどうかを確認します。

⑵　業務を教える前に丁寧に説明する。

　業務を教える前に「これからやってもらうので，そのつもりで見ていてください。」と説明します。メモを取っていないときは，「メモをとらなくても大丈夫ですか。」と促します。わからない点があれば，質問してもらうようにも伝えます。

⑶　実際に作業をやってもらう。

　実際に作業をやってもらいます。作業工程でできなかった部分については，何が理解できていないのかを確認します。自分が業務を遂行することがイメージできていないケースが多いので，マニュアルやメモを見ながら，仕事の進捗とリンクしているかを確認します。例えば，マニュアル通りに教えてもらってもそれがどこに載っているのかがわからなかったり，メモを取っていてもどこに書いたのかがわからなくなることもあるので，付箋や色ペンなどを使って本人がすぐに確認できるように工夫をしてもらってください。

⑷　しばらくの間，業務を確認しフォローする。

　きちんと作業が完了したかどうかを確認します。

　このような場合は，質問が出ずに「わからないことがわからないまま」になっていることが多いので，業務に対して困ったときに，直属の担当者に聞くことができる体制を整えておくとよいでしょう。質問がないときは，上司から折りに触れて声がけをします。

　また，職場の方の仕事の指示に対して「わかりました。」と答えておけば，それ以上何も言ってこないという成功体験から反射的に答えている場合があ

146

ります。そのため，仕事の指示に対して「今からあなたは何をしますか。」のような部下が仕事をしっかりと言葉で再現できるような質問をしてはいかがでしょうか。

　部下の業務遂行に対して困っているときには，上司が部下に対する指示の仕方を変え，環境を調整するなどの配慮が必要になります。一般的に，指示をする際に，「お互いに細かいことを言わなくても察してくれているものだ。」という思い込みがあります。しかしながら，今回の場合は察することが難しいようなので，指示の出し方を変え，環境の調整をすることが大切だと考えます。上司の立場からすれば「これくらい言わなくてもわかるだろう。」と察してほしいのかもしれませんが，具体的に適切に説明し，やってもらい，フォローをすることがポイントになります。

6-27　自殺リスクがある部下への対応

【事　例】

　Ｚさん（30歳，男性）には，妻（28歳，女性）と子供（2歳，女性）が1人います。3か月前にうつ病と診断されて現在は休職中です。直属の上司である主任のＡさん（40歳，男性）は，Ｚさんの体調の良い日を考慮して，1か月に1回の面談を行っています。ある日の面談で，「妻から今後のことを考えると不安でたまらない。子供もいるのに，このような状態が続けば離婚も考えると言われてしまいました。私がこんな状況なので，仕方ないです。いつまでこんな状況が続くかわからず，毎日不安です。主任には，いつもよくしていただいて信頼しています。主任だから言いますが，本当につらくて，死にたいです。誰にも言わないでください。」と言われました。

　Ａさんは，Ｚさんにどのように接すればよかったのでしょうか。

【考え方のポイントとアドバイス】

　Ａさんは，うつ病で休職中のＺさんから，ある日の面談で「主任だから言いますが，本当につらくて，死にたいです。誰にも言わないでください。」と告白されて，どうしたらよいのかわからずに困惑していると推察しました。

　ＡさんがＺさんにどのように接すればよいのかについて，次の３つを提案します。

(1)　十分にプライバシーに対する配慮をする。

　　個室で面談するなど，プライバシーに十分に配慮します。

(2)　しっかりと部下の話を聴く。

　　今回のケースでは，部下の気持ちの部分はきちんと聴けているようですが，あとは部下の健康状況や病院に通院しているかどうかなどを確認します。話の途中で黙り込んでしまう場合は，上司から話しがちですが，じっくりと待ってあげましょう。

(3)　自殺したいと告白されたときは，適切に処置をする。

　　産業医や健康管理室などにつなぎます。

　　部下のプライバシーには配慮すべきですが，自殺願望がみられる場合には，例外として部下の生命や身体の保護が最優先です。「誰にも言わないでください。」と言われても，まずは，部下が本音を話してくれたことをねぎらい，「あなたのことを心配しています。」と伝えたうえで，「産業医や健康管理室などと情報共有をします。」と丁寧に説明をします。なるべく部下の理解を得るように努めます。最終的に部下から理解を得られない場合でも，毅然とした態度を取ることが部下を守ることにつながります。

　このような場面にいざ遭遇すると，驚いてしまうと思います。メンタル不調の部下に対しては，原則はプライバシーを保護しますが，「死にたい。」と口にしているときや，暴力・自傷行為がみられるときは事態が重大であるため，産業医，健康管理室，主治医などにつなぐことが大切です。上司は，部下の安全配慮義務の履行をする役割も担っていますので，留意しましょう。

6-28　能力はあるが自信のない部下への対応

【事　例】

Cさん（32歳，女性）は，仕事をそつなくこなすタイプで，上司のBさん（35歳，男性）は，彼女に対して信頼を置いています。今回，社内の方針で新しいプロジェクトを各部署より1人ずつ選出することが決まりました。ある日，BさんはCさんに対して「会社のプロジェクトで各部署から1名ずつ選出することになったんだよ。私は，Cさんが適任だと思うので，推薦したいと思うんだけど，どうかな。」と伝えました。

Cさんは，「推薦してくださったのは，うれしいんですけど，私がプロジェクトに入って，うまくやっていけるんでしょうか。」と不安げに答えました。

Bさんは，Cさんにどのように声がけをしたらよいのでしょうか。

【考え方のポイントとアドバイス】

Bさんは，Cさんの日頃からの仕事ぶりを高く評価しており，プロジェクトのメンバーに推薦しましたが，Cさんが自信なさそうにしているので，どのような声がけをしたらよいのか迷っているのだと推察できます。

BさんがCさんに対応する方法として，次の4つのアプローチを提案します。

(1)　**部下の仕事ぶりのよい部分について，具体的に褒める。**

上司が部下の仕事ぶりを評価していても，本人が実感できないケースもあります。そこで，具体的に1つずつ細やかに褒めることが大切です。例えば，「先日の資料作成のときは，データやグラフがわかりやすくて，本当に助かったよ。さすがだね。」などのように，具体的な行動や成果を褒めます。そうすることで，部下は上司が「普段からきちんと私のことを理解してくれている。」と思い，信頼関係を得ることができます。

(2)　**なぜ自信が持てないのか，理由を聞く。**

なぜ自信が持てないのか，部下に理由を聞きます。理由を聞き，不安に感

じている部分を払拭してあげることで不安が軽減されます。

⑶ **中長期的なキャリアの目標を共有する。**

中長期的なキャリアの目標を共有します。そして，プロジェクトに参加することで得られることとリンクしているのであれば，気持ちを込めてわかりやすく伝えます。

⑷ **プロジェクトに参加するのであれば，フォローをすることを約束する。**

自分にできるのかどうか不安になっているときは，プロジェクトに参加した後にも相談にのるなどのフォローをすることを約束します。

このように，優秀なのに自信を持てない部下を多く見かけます。今回のプロジェクトの参加も押し付けるのではなく，自発的に取り組んでもらえるようなサポートを上司としてすることが大切です。そして，プロジェクトの参加により成功体験を積みかねることにより，部下の自信につなげてあげるとよいでしょう。

6-29 報告，連絡，相談をしない部下への対応

【事　例】

主任のＤさん（32歳，男性）には，３か月前に中途入社した部下のＥさん（25歳，女性）がいます。Ｄさんは，Ｅさんに対して「まだ１人で仕事を進めるのは，大変だと思うので，報告，連絡，相談をしてください。」と声がけをしました。

Ｅさんは，「はい。わかりました。」とは言うものの，ほとんど，報告，連絡，相談がありません。その結果，仕事の進捗が滞っています。どのようにすれば，Ｄさんは，Ｅさんから報告，連絡，相談をしてもらえるのでしょうか。

【考え方のポイントとアドバイス】

　Ｄさんは，中途入社のＥさんに「報告，連絡，相談をしてください。」と声がけをしているものの，まったく，報告，連絡，相談がなく，仕事の進捗も滞って困っていると推察しました。

　ＤさんのＥさんへの対応について，次の４つを提案します。

(1)　報告，連絡，相談の定義を説明する。

　報告，連絡，相談の定義について，きちんと説明します。

> **報　告**……部下が上司などに対して，仕事の進捗や状況，結果を伝えること。
>
> **連　絡**……部下が上司などに事実を知らせること。
>
> **相　談**……部下が１人では判断できないことや困ったことについて，意見を求めること。

　それぞれの定義をきちんと説明していなかった場合は，改めて説明します。

(2)　報告，連絡，相談の目的は何なのかを共有する。

　報告，連絡，相談は，あくまでも手段ですので，目的が何なのかを共有することが必要です。今回の場合は，「１日の業務をスムーズな流れにするため」などです。職場により目的は違いますので，部下とお互いに目的を共有します。上司が部下の行動を細かく管理やチェックを行うマイクロマネジメント型の上司の場合は，報告することが目的になってしまうと本末転倒になってしまい，部下のやる気を低下させてしまうことがあります。

(3)　報告，連絡，相談についてお互いにルールを共有する。

　いつどのタイミングで行うのか，だれに行うのか，どのような内容を行うのか，どのような手段で行うのかなど，報告，連絡，相談のルールを共有します。

(4)　定期的にチェックを行い改善する。

　部下とのやりとりをそのままにせず，定期的にチェックして，問題があれば改善します。

中途入社の部下によっては，前職の職場での報告，連絡，相談のルールを踏襲している可能性があります。きちんと現職での定義を説明し，目的やルールを共有し，定期的にチェックを行うことが大切です。

6-30 優秀ではあるがリーダーになることをためらう部下への対応

【事　例】

　Gさん（35歳，女性）は優秀で，てきぱきと業務をこなしています。係長のFさん（45歳，女性）は，Gさんの仕事ぶりを評価しており，リーダー昇進を打診しました。Gさんは，「一度持ち帰ってよろしいでしょうか。」と答えました。そして，次の日に「リーダーの打診をいただいたのは，私はとてもうれしいのですが，自宅に帰り，夫に相談したところ，仕事が大変になるぞ。給料は上がるかもしれないが，家庭はどうするんだ。」と責められたと答えました。

　Fさんとしては，Gさんはリーダーとしてのスキルや知識があり，人望も厚いので，ぜひ引き受けてもらいたいのですが，Gさんから快諾を引き出すにはどうすればよいのでしょうか。

【考え方のポイントとアドバイス】

　Fさんは，Gさんの仕事ぶりを評価しており，リーダーになってほしいと期待しているが芳しい返事がもらえず，もう一度Gさんの気持ちを確かめたいと考えているように推察されます。

　Gさんの気持ちが前向きに動くように，次の3つを考えてみましょう。

⑴　Gさんの気持ちをしっかりと聴く。

　「リーダーになることで，不安に思っていることは何か。」など，とにかく相手の気持ちをしっかり聴きます。

(2)　**中長期的な目標を共有する。**

　　これまでのAさんの仕事ぶりを評価していることを伝え，中長期的な目標を共有し，リーダーへの昇進がどのようにキャリアと関わっているのかについて話し合います。

(3)　**リーダーに昇進する場合に，全力でバックアップする。**

　　新しいことにチャレンジすることは，誰しも不安を抱えるものです。「リーダーになったときにサポートしてほしいことは何か。」を聞き，協力を約束します。

　　夫の意向を尊重したいのか，自身の気持ちがどうなのか，Gさんの気持ちを聴き，相手の意志を尊重したうえで，どうするのかを考えてもらいます。

6-31　職場の安全に対する認識が低い部下への対応

【事　例】

　　看護主任のHさん（40歳，女性）の部下には，看護師Iさん（30歳，女性）と看護師Jさん（35歳，女性）がいます。病院内での感染症対策のマニュアルによると，発熱がある患者さんを一番後に対応することが定められていましたが，Iさんは，発熱のあるなし関係なく，スタッフステーションから近い患者さんから看護にあたっています。Jさんが「発熱のある患者さんは感染症の観点から最後に看護することになっているはずですね。」と的確に注意をしても，Iさんは無言で立ち去っていきました。Jさんは，看護主任のHさんに経緯を話しました。

　　Hさんは，Iさんに対して，どのような対応をとればよいのでしょうか。

【考え方のポイントとアドバイス】

　Hさんは，感染症の観点からJさんから注意を受けたにもかかわらず，何の反応もせずに立ち去ったIさんのかたくなな態度を改めたいと思っているようです。

　Hさんは，Iさんをどのように指導すればよいのでしょうか。

(1)　これまでの経緯について，Iさんにも事実を確認する。

　　Jさんからの話だけでなく，Iさんからも事実を確認します。同じ事実であっても，捉え方により認識が異なることがあるからです。例えば，Jさんの注意の仕方が適切でなかったことや，Iさんにもやむにやまれぬ事情がある可能性があります。両者からの意見を確認するのが一番よいでしょう。

(2)　Jさんから聞いた内容が事実であれば，ルールの大切さについて理解を促す。

　　Jさんから聞いたように，Iさんが感染症対策に対して認識が甘かったのであれば，再度指導することが大切です。

(3)　Iさんだけでなく職場全体で感染症対策について周知徹底する。

　　Iさんだけでなく，職場全体が感染症対策に対して認識が甘くなっている可能性もありますので，他のメンバーにも周知徹底することが望ましいです。

　コロナ禍の経験から，感染症対策についてはどこの病院でもきちんと対応していると思います。しかし，「私，1人くらいやらなくても・・・。」という気持ちがクラスターを出してしまう可能性がありますので，注意が必要です。

　また，思いがけない出来事に「ヒヤリ」としたり，事故寸前のミスに「ハッ」としたりする「ヒヤリハット」があったっときは，個人の問題としてではなく，職場の問題として捉えるべきです。1件の大きな事故・災害の裏側には，29件の軽微な事故や災害，そして300件のヒヤリハットがあるといわれています。ヒヤリハット事例が起きたときは，速やかに職場として対策に取り組みましょう。

6-32　業務の変更に向き合わない部下への対応

【事　例】

　営業部の係長のKさん（39歳，男性）は，Kさんの上司である課長のLさん（45歳，男性）より，Mさん（28歳，男性）を営業から品質管理部に異動するよう指示を受けました。そこで，Mさんに異動の件を伝えましたが，「絶対に異動しないといけないのですか。」と，本人は怪訝そうな態度を取ってきます。

　Kさんは，Mさんの転機にどのように向き合えばよいのでしょうか。

【考え方のポイントとアドバイス】

　Kさんは，Mさんに品質管理部に異動するように指示をしましたが，Mさんが現実に向き合わないことに困っていると推察しました。

　KさんがMさんに対応するため，次の3つを提案します。

(1)　**就業規則や雇用契約などを確認する。**

　就業条件について，配置転換が可能であると就業規則などに明示しているときは，変更は可能となります。Mさんが業務を特定して採用されている場合は，難しいと考えられます。

(2)　**業務の変更する理由を伝える。**

　就業規則などで業務の変更が可能である部下であると確認できたときは，できれば業務変更の理由を伝えます。

(3)　**業務の変更について本人の納得がいく説明を行う。**

　本人が納得するには，どのように話し合うかを事前に熟考してみましょう。条件提示も含め，必ずしも業務変更について納得してもらえるのかどうかはわかりませんが，誠意を持って対応することが大切と考えます。

　業務の変更は，仕事上の変化が伴います。多くの部下は，負担を感じることが多いでしょう。相手の気持ちに立ってしっかりと伝えることが必要です。

【事　例】

　情報開発を担当しているＮさん（30歳，男性）は，社会に出てから，一人暮らしをしています。物静かなＮさんの悩みは，最近，車を運転中に急に眠くなってしまう症状に見舞われることです。そこで，上司のＯさん（45歳，女性）に相談したところ，「夫が同じような症状で睡眠外来にお世話になったことがあったので，病院を紹介してあげるわ。」と親切な答えが返ってきました。

　そこでＮさんは紹介された病院を訪ね，医師から「睡眠時無呼吸症候群」と診断されました。主治医からはCPAP療法を提案され，Ｎさんもその治療方針を快諾しました。CPAP療法とは，マスクを鼻にあて，特別な機械を使って空気を送り込みます。空気の通り道が狭くなることを防止して，寝ている間に呼吸が止まらないようにする治療です。

　当日の夜，Ｎさんは早速，機械を装着して眠ろうとしましたが，特有の機械音が気になって眠れないまま朝になりました。その後も機械音が気になって眠れない日々が続き，主治医にも相談しましたが，丁寧な対応には感じられませんでした。明け方にやっと眠りにつく毎日に，今度は朝起きることができずに出社できなくなりました。しばらくして心療内科に行ったところ，今度はうつ病と診断され，現在は休職中です。

　そんなある日，Ｎさんが診断書を持って訪ねてきたので，Ｏさんは久しぶりに面談に及びました。Ｎさんは「自分の症状をネットで調べたところ，喉のあたりの空気の通りが悪いのは，扁桃腺が大きいことが原因らしい。扁桃腺を切れば治るのに，主治医は扁桃腺を切ってくれないので，不満である。」と話してくれました。Ｏさんは，Ｎさんの状況を考えると「どうもＮさんの思い込みではないか。」との印象を持つに至りました。

　Ｏさんは，Ｎさんにどのように伝えればよいのでしょうか。

【考え方のポイントとアドバイス】

　心身ともに不調になっているＮさんに対して，医師ではない自分がどこまで対応したらよいのか，Ｏさんの判断は難しいところです。

やるべきことは，まず次の２つでしょう。

⑴　今後も定期的に連絡を取る。

① 　プライバシーを配慮して話を聴く。

② 　面談には，少なくとも30分以上ゆったりと時間を取る。

③ 　なるべく口を挟まないで，相手の話すことに耳を傾ける。

④ 　「睡眠が取れているか。」「病院に通えているか。」「薬は飲んでいるか。」
　　などの具体的な近況を聴く。

⑤ 　「何か手伝えることがあるかどうか。」を尋ねてみる。

　メンタル不調者の１人暮らしは，定期的に連絡を取ることが重要です。本来，定期的な面談が望ましいですが，できない場合は，メールや電話などで代用してもよいでしょう。

⑵　「事例性」と「疾病性」に分ける。

　今回の場合は，睡眠時無呼吸症候群を患い，治療法や医師との認識のずれにより眠れなくなり，併せてうつ病になった事例です。心身の疾患であっても，「事例性」と「疾病性」に分けて考えます。事例性は上司の担当であり，疾病性は医師の担当です。したがって，心療内科の主治医，産業医などと連携を取ることが必要となります。医療の領域に関わる内容は，速やかに医師に任せましょう。詳しくは，「6-8　メンタル不調気味の部下がいるときの対応」（118～120ページ）を参考にしてください。

　このケースは，心と身体が互いに影響しあっている事例ではないでしょうか。病気に関しては，専門家の医師に任せるべきで，上司は医師と連携を取りながら，部下と話し合いの機会を持つことが必要です。今回の場合は，メンタル不調者の当人と話し合いの機会を持つことができましたが，場合によっては家族との話し合いが必要になることもあります。家族と話し合いをするときは，必

ず当人に事前に同意を取りましょう。家族関係が悪い場合は，家族と連絡を取ることにより，気分を害し，余計に問題がこじれてしまうこともあるからです。本人の意向を尊重しながら，対処方法については検討する余地が必要です。

6-34 自分の能力に気づいていない部下への対応

【事　例】

　Pさん（35歳，女性）は，経理からコールセンターのカスタマーサポートに配属されました。経理や総務での勤務が長かったため，何かにつけて「カスタマーサポートの業務をやったことがないので，自信がない。」が口癖です。

　一方，上司のQさん（42歳，女性）は，Pさんを「業務の経験値は低いものの，電話でのお客様対応にはセンスがあり，よいものを持っている。」と評価しています。

　Qさんは，どのようにすれば，Pさんに新しい仕事にやりがいを持たせることができるのでしょうか。

【考え方のポイントとアドバイス】

　Qさんは，未経験の業務に対してPさんに意欲を持ってもらうため，試行錯誤の真最中です。3つの方向からのアプローチを考えました。

(1)　部下が自分では気づいていない魅力を伝える。

　　Pさんにとっては，配置転換で仕事に自信が持てないときに，自分の長所に気づくのは難しいものです。Qさんが「電話でのお客様対応にはセンスがあり，よいものを持っている。」と感じているのであれば，しっかりと伝えてあげましょう。部下にとって自分が気づいていない長所を知ることは，きっと大きな自信につながるでしょう。

⑵　**将来の中長期的な目標を共有し，行動を促す。**

　　部下と，将来の中長期的な目標を共有します。そして，中長期的な目標を細かく分け，身近な目標が達成できたら，具体的に褒めてみましょう。

⑶　**必要なサポートを行うことを約束する。**

　　部下が困ったときなど必要な場合は，サポートを行うことを約束します。お互いによく話し合ってください。最初のうちは，上司から「何か手伝うことはありませんか。」などの声がけをしてもよいでしょう。

　自分が気づいてない魅力や長所を伝えることは，部下のキャリア開発に役立ちます。キャリアの領域では，「ジョハリの窓」という概念があり，次の4つの領域で構成されています。

　①　**開放の窓**……自分も他人も知っている自分

　②　**盲点の窓**……自分は気づいていないが他人からは見えている自分

　③　**秘密の窓**……自分は知っているが他人には知られていない自分

　④　**未知の窓**……自分も他人も知らない自分

　部下を褒めることが上手な上司は，「②盲点の窓」の領域を上手く褒めるものです。本人が気づいていないポイントを上司のあなたが効果的に指摘しましょう。そうすると，「自分にはこんな良い所があったのか。」と驚きと共に喜びを感じるはずです。ゆえに，上司は部下に常に関心を持ち，理解し，「②盲点の窓」を見つけ，言及することで，部下のさらなる可能性を広げることにつながることを覚えておきましょう。

ジョハリの窓

	自分が知っている	自分が知らない
他人が知っている	① 開放の窓 （自分も他人も知っている自分）	② 盲点の窓 （自分は気づいていないが他人からは見えている自分）
他人が知らない	③ 秘密の窓 （自分は知っているが他人には知られていない自分）	④ 未知の窓 （自分も他人も知らない自分）

6-35　好きな仕事しかしない部下に対する対応

【事　例】

　主任のRさん（35歳，男性）は，好きな仕事しかしないSさん（28歳，女性）に手を焼いています。彼女は，担当の営業事務の仕事はそつなくやってくれるのですが，何度注意しても，自分の担当以外の電話をとらなかったり，職場の郵便を配布するなどの雑務をやってくれません。彼女自身は，「雑務は誰かがやればいいだろう。」と，いつも他人任せです。彼女以外の営業事務は，雑務を持ち回りでやってくれています。

　Rさんは，どうすればSさんに協調性を意識させることができるのでしょうか。

【考え方のポイントとアドバイス】

　好きな仕事しかしない部下への関わり方については，次の3つの視点で提案します。

⑴　**部下の言い分を聴く。**

　　雑務をしないことに，正当な理由があるのかどうか，部下の言い分を聴きましょう。

⑵　**仕事の意義や意味を理解してもらう。**

　　雑務は自分の業務ではないと思っているかもしれませんが，チームで仕事をしていることを伝えます。雑務も仕事の一環であり意義があることを説明し，納得してもらいます。

⑶　**営業事務のメンバーで話し合いの機会を持つ。**

　　営業事務として1人だけ雑務をしていないのであれば，他のメンバーは不公平感を持つことになります。Sさんも含めた営業事務のメンバー同士で話し合いの機会を持ち，役割分担を決めてもらいます。

　好きな仕事しかしない部下に対しては，コーチングで行動を促すよりもティーティングで指導するほうが有効であることが多いです。部下の状況を見極めて対応を変えましょう。

第7章

総務・人事の部署につなぐために
おさえておきたい労働法規や制度

　一般的に，インプットの情報量が少ない人は，アウトプットも苦手な傾向にあるといわれています。これは，マネジメントを行うときにもあてはまります。最近のリーダーは，多方面にわたってアンテナを張っておく必要があります。

　「そうは言っても，ただでさえ忙しいのに，労働法規や制度までインプットしないといけないのか。」と思われるかもしれませんが，まずはポイントだけをおさえていただければよいでしょう。要点をおさえておくことで，総務・人事の部署につないだり，部下とのやり取りに役立ちます。

　若い世代の部下は，学生時代にキャリアデザインの講座や就活セミナーなどで働くときのルールやマナーの教育を受けていたり，デジタルネイティブ世代で自分の労働条件について調べる能力が身についています。

　だからこそ，「最近の傾向は，こんな感じなんだな。」と，さっと目を通して頭に入れておきましょう。

7-1 多様な働き方の部下を雇ったときはどうするのか

1 「雇われる働き方」と「雇われない働き方」の違い

　多様化の時代，働き方はさまざまあります。大きく分けて，「雇われる働き方」と「雇われない働き方」の２つの働き方があります。

　雇われる働き方は，会社と労働契約を結んでおり，労働法の保護を得ることができ，労災保険や雇用保険などの制度に加入することができます。一方，**雇われない働き方**は，雇用はされていないので，業務の進め方や業務をいつどこで行うかの裁量があり，労働法の適用はなく，原則として労災保険や雇用保険に入ることはできません。

　詳細については，次の表にまとめましたので，参考にしてください。

「雇われる働き方」と「雇われない働き方」

雇われる働き方（労働者）	正規雇用労働者	正社員	雇用契約の期間の定めがなく，フルタイムであり，直接雇用である。
	非正規雇用労働者	契約社員	労働契約にあらかじめ雇用期間が定められている。１回当たりの契約期間の上限は一定の場合を除いて３年である。
		パートタイム労働者	１週間の所定労働時間が，同じ事業所に雇用されている正社員と比べて短い労働者。パートタイマーやアルバイトと呼び方は事業所ごとに異なる。
		派遣社員	業務の内容は派遣先の会社からの指示に従いますが，雇用されているのは派遣会社であり，給料の支払いや社会保険，福利厚生などは派遣会社から提供される。
雇われない働き方		業務委託・請負	注文者から受けた仕事の完成に対して報酬が支払われ，指揮命令を受けない。

次に，それぞれの働き方におけるメリットとデメリットを挙げます。

働き方における「メリット」と「デメリット」

	メリット	デメリット
正社員	・給与が安定しており，保証されている。 ・雇用が安定しているので，将来設計がしやすい。 ・責任ある仕事を任される。	・長時間働かなくてはいけないケースがある。 ・責任ある仕事を任されるので，仕事へのプレッシャーが大きい。
契約社員	・働く時間や仕事内容を選択でき，融通が利きやすい。 ・実績や成果を残せば，正社員登用の可能性が出てくる。	・有期雇用なので，雇用が不安定である。
パートタイム労働者	・働く時間や仕事内容を選択でき，融通が利きやすい。	・ボーナスがなかったり，少ない。 ・正社員や派遣社員に比べて給与が低い。 ・雇用が不安定なケースがある。
派遣社員	・パートタイム労働者に比べて時給が高いケースが多い ・専門性が高い仕事をするため，キャリアアップが見込める。 ・働く時間や仕事内容を希望により選択できる。	・ボーナスがなかったり，少ない。 ・短期間で契約が終了してしまう。（原則として最長3年）
業務委託・請負	・業務の進め方，どこでいつ行うかの裁量がある。 ・得意とする業務のみを専門として行える。 ・価値が高い業務を行える実力があれば高収入に繋がる。	・労災保険・雇用保険に入れないなど仕事ができなくなったときの保障がない。 ・仕事の責任を自分自身で負わなければならない。 ・収入が不安定になるケースがある。

（出典） 全国社会保険労務士会連合会『知っておきたい働くときの基礎知識―社会に出る君たちへ―』，一部加工・修正。

【ポイント】

　上司は，部下の雇用形態を理解して，部下は働くうえでどのような価値観を持っているのかを関心を持ってマネジメントすることが大切です。

　例えば，ある社員が，パートタイマーで働いている理由を考えてみましょう。子育てを優先したいので，パートタイマーとして働いている場合もありますし，あるいは趣味の時間を持ちたいと思っている可能性もあります。また，正社員で働きたいと思っていても仕事のブランクがあって自信がないので，しばらくはパートタイマーで働いている場合もあります。

　あなたの職場には，どのような働き方をしている人がいるのかを把握して，どのような価値観で仕事をしているのかを理解しましょう。

2　社会保険について知る

　同じ会社に働いていても，保険の対象になるかどうかについては，要件が定められています。ここで，社会保険（労災保険・雇用保険・健康保険・厚生年金保険）の加入要件を，記します。

①　労災保険

　仕事や通勤中のけが，病気，障害，死亡に対して国が給付を行う制度です。すべての労働者が対象になります。保険料は，給料から控除されることはなく，会社が全額負担しています。

②　雇用保険

　失業したときなどに，生活や雇用の安定や就職促進のために失業などの給付などが支給される制度です。保険の加入要件としては，31日間以上働く見込みがあることや1週間に20時間以上働いていることなどがあります。保険料は，会社と双方負担になっていますので，給料から控除されます。

③　健康保険

　労働者や家族が病気やけが，出産や死亡などに際して必要な給付などが支給される制度です。保険の加入要件は，1週間の所定労働時間および1か月の所定労働日数が同じ事業所で同様の業務に従事している通常の労働

者の4分の3以上であることです。保険料は，会社と半々で負担することになっていますので，給料から控除されます。

④　**厚生年金保険**

　高齢者になったり，けがや病気で身体に障害が残ったり，家族を残して亡くなった場合などに備えた保険です。保険の加入要件や保険料の取扱いについては，健康保険と同じです。

　先に，健康保険や厚生年金の加入要件は，1週間の所定労働時間および1か月の所定労働日数が同じ事業所で同様の業務に従事している通常の労働者の4分の3以上であると解説しましたが，常時100人を超える会社の場合は，令和4（2022）年10月からのパート・アルバイトなどの短時間労働者にも，健康保険・厚生年金保険が適用されるようになりました。これにより，1週間の所定労働時間が20時間以上であること，雇用期間が2か月を超える雇用の見込みがあること，賃金の月額が88,000円以上であること，学生でないことが要件になりました。また，令和6（2024）年10月からは，常時50人を超える会社が対象になります。

【ポイント】

　社会保険に加入している会社であっても，時折，「アルバイトだから社会保険に加入できない。」と言っている上司がいます。雇用形態により社会保険に加入するのかどうかを判断するのではなく，労働時間や企業規模が関係します。最近は，社会保険の改正が多いので，総務・人事の担当者に確認することをお勧めします。

　また，パート・アルバイトで働くことを希望されている方のなかには，社会保険の扶養の範囲内で働きたいと思っている方も一定数います。扶養者の要件に該当すれば，パート・アルバイトで勤務していたとしても，健康保険や国民年金の保険料の支払いは必要ないからです。

　一方，扶養家族に130万円以上の収入があると，その方は被扶養者の対象から外れ，国民健康保険や国民年金に加入しなければなりません。また，扶養家

族が自身の勤務先で社会保険に加入すれば，給与から社会保険料が天引きされることになります。被扶養者から外れるほど働けば，国民健康保険や国民年金，または社会保険の保険料が発生します。その結果，保険料の支払いにより，130万円未満で働いていたときよりも手取り額が減少することがあります。このことを「130万円の壁」と呼んでいます。

　このようなことを理解していなければ，年末になって扶養の範囲から外れるので働けないなど，職場のローテーションを上手く回すことができずに，一部の部下に過重な負担を強いることになります。パート・アルバイトなどの入社時や契約更新時に，1日何時間働いてもらうのか，1週間何日働いてもらうのかなどを，事前に確認しておきましょう。

3　契約期間と更新について知る

　労働契約法は，労働契約の基本的な事項について定めた法律で，平成20（2008）年3月1日に施行されました。労働契約には，**期間の定めのない契約**（無期労働契約）と**期間の定めのある契約**（有期労働契約）の2種類があり，有期労働契約は，原則として一部の例外を除いて3年を超えて契約を結ぶことはできません。

　しかしながら，有期労働契約が繰り返し更新されて通算5年を超えたときは，労働者の申込みにより，無期労働契約への転換ができます。通算する労働契約は，平成25（2013）年4月1日以降に開始した労働契約が対象です。転換の申し込みは労働者の自由ですが，申し込まれたときは，その申し込みを会社は法律上拒否することができません。次図のように，契約期間が1年の場合は5回目の更新後の1年間に，契約期間が3年の場合は1回目の更新後の3年間に無期転換の申込権が発生します。

【ポイント】

　有期雇用契約の契約社員やパートタイム労働者と契約更新をする前には，これまでの働き方を確認し，次の更新についてどうするのかについて部下と話し

合いをします。部下から労働条件に関する質問があり，詳しくわからない場合は曖昧な状態で返事をしないで，「専門的な話になるので，後ほど担当者（総務・人事）にて確認してお答えします。」と伝えましょう。わかったふりをして「こんな労働条件は認められない。」と言ってしまっては，部下との信頼関係の低下を招くことがあります。特に，有期労働契約の更新が通算5年を超えた場合の無期転換の5年ルールについては，この機会に覚えておきましょう。また，無期転換の5年ルールと派遣法の3年ルールを混同する方がいます。派遣法の3年ルールでは，「同じ事業所の同じ部署について同じ派遣社員の派遣を受けることができるのは最大3年まで」となっています。

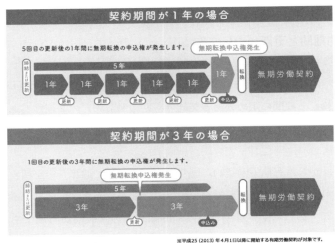

（出典） 厚生労働省：「無期転換ルールについて」

4 高年齢者の雇用機会の確保などについて知る

　高齢者雇用安定法では，定年を65歳未満に定めている事業主には，「65歳までの定年引上げ」「65歳までの継続雇用制度の導入」「定年廃止」のいずれかの措置を講ずるよう努めることとされていましたが，令和3（2021）年4月の改正法の施行からは，70歳までの就業確保，65歳から70歳までの高年齢者就

業確保措置（定年引上げ，継続雇用制度の導入，定年廃止，労使で合意した上での雇用以外の措置（継続的に業務委託契約する制度，社会貢献活動に継続的に従事できる制度）の導入のいずれか）を講ずることを企業の努力義務にするなど，**70歳までの就業を支援する**ことになりました。

　また，雇用保険制度は，主たる事業所での労働条件が1週間の所定労働時間が20時間以上かつ31日以上の雇用見込みなどの適用要件を満たす場合に適用されますが，令和4（2022）年1月から，**雇用保険マルチジョブホルダー制度**が施行されました。この制度は，複数の事業所で勤務する65歳以上の労働者が，そのうち2つの事業所での勤務を合計して次の要件を満たす場合に，本人からハローワークに申出を行うことで，申出を行った日から特例的に雇用保険の被保険者（マルチ高年齢被保険者）となることができる制度です。

〈適用要件〉
①　複数の事業所に雇用される65歳以上の労働者であること。
②　2つの事業所（1つの事業所における1週間の所定労働時間が5時間以上20時間未満）の労働時間を合計して1週間の所定労働時間が20時間以上であること。
③　2つの事業所のそれぞれの雇用見込みが31日以上であること。

【ポイント】

　内閣府は，「高齢社会対策大綱」のなかで，エイジレス社会を目指すと宣言しています。また，高齢者のなかには，年金だけで暮らしを支えるのが難しく，働くことを希望する方も多くなりました。高齢者の雇用形態については，正社員だけでなく，嘱託，契約社員，パート，アルバイトなど会社により異なります。これは就業規則に定められていますので，高齢者の方がいるときは，就業規則の確認が必要です。「継続雇用規程」などといって，本則とは別規程で定められている場合が多いので，規程も確認しましょう。

　また，マルチジョブホルダー制度については，会社が申請するのではなく，高齢者が自分で申請をする制度となります。

7-2 部下が出産，育児，介護をすることになったときにどうするのか

1　産前・産後休業

　原則として産前6週間（多胎妊娠の場合は14週間）の間にある女性労働者から休業の請求があった場合と，産後8週間の間にある女性労働者は，就業させることができません。ただし，産後6週間を経過した女性労働者が就業を請求した場合は，医師が支障がないと認めた業務に就かせることができます。

　産前産後休業期間中の社会保険料（健康保険料，厚生年金保険料）が，被保険者分および事業主分ともに免除になります。また，健康保険に加入している女性が出産した場合は，出産手当金や出産育児一金などの給付金を受けることができます。

① 出産手当金

　　産前産後の休業期間中1日につき平均標準報酬日額の3分の2の金額が出産手当金として支給されます。

② 出産育児一時金

　　出産した時に胎児1人につき50万円が支給されます。

【ポイント】

① 妊娠2か月の頃は，切迫流産などが心配な時期です。

　　部下から妊娠の報告を受けたときは，仕事のスケジュールなどを確認します。また，妊娠・出産に関する社内規程を確認しましょう。

② 妊娠6か月の頃は，早産に注意する時期です。

　　本人と話し合いのうえ長時間の立ち仕事などは控えるなどの配慮をします。産前産後休業期間中の社会保険料の免除，出産手当金，出産育児一時金などの申請などについては，必ず部下に伝えししょう。

③ 妊娠9か月頃は，産休に入る前の仕事の引き継ぎや産休中に連絡を取り合う方法を確認します。

　この期間は，申請などの手続きが多いので，総務や人事の担当者としっかりと連携し，手続きに漏れがないようにしましょう。

2　育児休業

　育児休業は，1歳未満の子供1人につき分割して2回の取得ができます。保育所に入所できないなどの事情があれば，最長で2歳になるまで延長できます。パートやアルバイトのような雇用期間の定めのある労働者も，一定の要件を満たせば取得可能です。また，会社によっては，労使協定で一定の労働者を対象外にしている場合があります。

　この他の制度や給付については，次に挙げます。

①　パパ・ママ育休プラス

　両親がともに育児休業を取得する場合は，子供が1歳2か月に達するまでの間で休業が可能になります。

　両親が育休を取得するシステムなので，個々にあった育休の取得ができます。また，両親が揃って子育てができるというメリットがあります。

②　産後パパ育休（出産時育児休業）

　子供が生まれてから8週間以内にあわせて4週間の休業を取得できる制度です。育児休業制度とは別に2回に分割して取得することができます。また，休業しないことが原則ですが，産後パパ育休期間中は，労使協定を締結している場合に限り，休業前に労働者と会社が合意した範囲内で就業することができます。

　この制度を使って，男性が育児や家事を手伝い，女性がスムーズに復職したり，社会に進出することが期待されています。

③　短時間勤務制度

　3歳未満の子供がいる労働者が利用できて，就業規則などで定められている1日の勤務時間を短縮することです。

④　所定外労働時間の制限する制度

　3歳未満の子供がいる労働者に対して残業が免除される制度です。

⑤　子の看護休暇

　　小学校入学前の子供を養育する労働者に対して1年に5日まで（子供が2人以上の場合は10日まで）病気・けがをした子の看護または子に予防接種や健康診断を受けさせるために休暇を取得できる制度です。また、1日または時間単位で取得可能です。

⑥　時間外労働を制限する制度

　　小学校入学前の子供を養育する労働者に対して養育者がその子供を養育するために請求した場合は、1か月で24時間、1年150時間を超える労働時間が制限されます。

⑦　深夜業を制限する制度

　　小学校入学前の子供を養育する労働者に対して、その子を養育するために請求した場合は、午後10時から午前5時においての労働を免除する制度です。

⑧　育児休業給付金

　　育児休業中にある一定の条件を満たした者に対して、雇用保険より支給されます。

⑨　育休中の社会保険料の免除制度

　　育休中に、社会保険料（健康保健料・厚生年金保険料）の徴収が免除されます。

【ポイント】

　育児休業法の改正により、育児休業を取得できる範囲が広がりました。非正規の人でも育児休業が取得できる場合がありますので、部下が育児休業を取れるのかどうかがわからないときは、人事・総務に確認します。

　部下が子育てをするうえで、育休でしばらく職場から離れていると、「職場復帰して子育てと仕事の両立ができるのだろうか。」などの不安を感じる方が多いので、不安を軽減するためには、育休中から連絡を取り合うことが大切です。

　また，仕事との両立で，子供が３歳になった頃や小学校に入学前になると悩む方が多くなります。子供が３歳のときは，時短制度が終了することに対して不安を感じる方が多くなります。さらに，小学校に入るときは，「小１の壁」といい，小学校に入ると保育園より預かってもらう時間が短かったり，放課後児童クラブに入ることができなかったり，また入れても子供を見てもらえる時間が短くて困ってしまうケースがあります。

　このようなことを踏まえて，折をみて部下と話し合い，仕事の仕方に対して相談にのるなどの対応をすることで，離職防止につながります。

3　介護休業

　介護休業は，労働者が要介護状態にある対象家族を介護するための制度です。介護休業は，対象家族１人につき３回まで通算93日までの休業が可能です。パートやアルバイトのような雇用期間の定めのある労働者も，一定の要件を満たせば取得可能です。また，会社によっては，労使協定で一定の労働者を対象外にしている場合があります。この他には，次のような制度や給付があります。

①　介護休暇

　対象家族が１人の場合は年５日，２人以上の場合は10日までの休暇を取得できます。１日または時間単位でも，取得可能です。

②　短時間勤務等の措置

　対象家族１人につき，利用開始の日から連続する３年以上の期間で取得可能です。

③　所定外労働の制限する制度

　要介護状態にある対象家族を介護する労働者に対して，残業を免除します。

④　時間外労働の制限する制度

　要介護状態にある対象家族を介護する労働者に対して，その対象家族を介護するために請求した場合は，１か月で24時間，１年150時間を超える労働時間を制限する制度です。

⑤　**深夜業の制限する制度**

　　要介護状態にある対象家族を介護する労働者に対して，その対象家族を
介護するために請求した場合は，午後10時から午前５時においての労働を
免除する制度です。

⑥　**介護休業給付金**

　　介護休業中にある一定の条件を満たした者に対して雇用保険より支給さ
れます。

【ポイント】

　　国は，「介護離職ゼロ」を推進しており，仕事と介護を両立するために，介
護休業制度の知識を知りましょう。介護の場合では，心身ともに疲弊して，支
援策を検討する暇もなく退職してしまうことも多いようです。

　　介護休業制度の知識は，自分自身が介護を行う場合だけでなく，部下が仕事
と介護を両立できる体制を整えるためにも大切です。そのためにも，部下に対
して，介護などのプライベートのことについて相談されやすい関係性を構築す
ることが大切です。また，部下が介護休業を取得する場合は，総務・人事の担
当者としっかりと連携を取り，手続きなどの申請をきちんとサポートしましょ
う。

7-3　部下が病気になったときにどうするのか

1　治療と仕事の両立

　　治療と仕事の両立とは，「病気を抱えながらも，働く意欲・能力のある労働
者が，仕事を理由として治療機会を逃すことなく，また，治療の必要性を理由
として職業生活の継続を妨げられることなく，適切な治療を受けながら，生き
生きと就労を続けられること。」を指します。育児や介護休業のように法制化

されているわけではなく，現在は，「事業場における治療と仕事の両立支援のためのガイドライン」により，事業場の取組みが掲載されています。

必要な制度や機関を，次に挙げます。

① **療　養　費**

　　健康保険では，保険医療機関の窓口に被保険者証を提示して診療を受ける『現物給付』が原則となっています。ただし，やむを得ない事情で，保険医療機関で保険診療を受けることができず，自費で受診したときなど特別な場合には，その費用について，療養費が支給されます。

② **高額療養費**

　　高額療養費とは，同一月にかかった医療費の自己負担額が高額になった場合に，一定の金額（自己負担限度額）を超えた分が，あとで払い戻される制度です。医療費が高額になることが事前にわかっている場合には，「限度額適用認定証」を提示する方法が便利です。

③ **傷病手当金**

　　傷病手当金は，病気休業中に被保険者とその家族の生活を保障するために設けられた制度で，病気やけがのために会社を休み，事業主から十分な報酬が受けられない場合に支給されます。

④ **産業保健総合支援センター**

　　各都道府県に設置されており，治療と仕事の両立支援のための専門相談員を配置して事業場への個別訪問指導などの支援を行っています。

⑤ **長期療養者就職支援事業（がん患者等就職支援対策事業）**

　　長期療養（経過観察・通院等）が必要な方の就職支援のため，専門の相談員をハローワークに配置しています。また，「がん相談支援センター」などと，患者様同意のうえ，治療状況・経過・今後配慮すべき点などの情報を共有することで，希望や状況に応じた職業相談・職業紹介を実施しています。

⑥ **難病患者就職サポーター**

　　ハローワークに配置されている「難病患者就職サポーター」は，難病相

談支援センターと連携しながら，就職を希望する難病の方に対して，症状の特性を踏まえたきめ細かな就労支援や，在職中に難病を発症した方の雇用継続などの総合的な支援を行っています。

⑦　**障害者就業・生活支援センター**

障害者の職業生活における自立を図るため，関係機関との連携をして，障害者の就業や生活面について支援を行っています。

⑧　**地域障害者職業センター**

独立行政法人高齢・障害・求職者雇用支援機構により各都道府県に1か所設置されており，障害者職業カウンセラーを配置し，障害者のニーズに合わせて職業評価，職業指導，職業準備訓練および職場適応援助などの各種の職場リハビリテーションを実施するなどの支援を行っています。

【ポイント】

部下が治療と仕事の両立に向けて受けられるサポートは，会社により制度が異なります。

例えば，時間単位で取得できる有給休暇制度や病気休暇制度などが設けられていることがあります。これらのことを確認するときは，就業規則を確認するとよいでしょう。

また，上司は，部下とコミュニケーションを取りながら，治療の状況に応じた就業上の措置や配慮などの対応をします。総務・人事の担当者だけでなく，事業場内外の関係者と連携することも大切です。

7-4 部下がハラスメントを受けたときどうするのか

1　パワーハラスメント

　令和4（2022）年4月から，労働施策総合推進法の改正により，パワハラ防止措置が義務化されました。

　パワーハラスメント（パワハラ）の定義は，次のとおりです。

　職場におけるパワーハラスメントは，職場において行われる次の3つの要素をすべて満たすものをいいます。

---

① 　優越的な関係を背景とした言動であって，
② 　業務上必要かつ相当な範囲を超えたものにより，
③ 　労働者の就業環境が害されるもの。

【ポイント】

　パワハラは，「ハラスメントなのか，適切な業務命令なのか。」の判断がとても難しいです。部下がハラスメントで訴えられる，もしくは，他の同僚からハラスメントを受けているなどのさまざまなケースがありますが，就業規則や会社内の相談窓口などを確認しましょう。

2　セクシュアルハラスメント

　職場におけるセクシュアルハラスメント（セクハラ）とは，「職場」において行われる「労働者」の意に反する「性的な言動」に対する労働者の対応により，その労働者が労働条件について不利益を受けたり，「性的な言動」により就業環境が害されることです。セクハラには，「対価型」と「環境型」があります。

　「対価型」は，労働者の意に反する性的な言動に対する労働者の対応により，その労働者が解雇，降格，減給，労働契約の更新拒否，昇進・昇格の対象から

の除外，客観的に見て不利益な配置転換などの不利益を受けることです。

　「環境型」は，労働者の意に反する性的な言動により労働者の就業環境が不快なものとなったため，能力の発揮に重大な悪影響が生じるなどその労働者が就業するうえで看過できない程度の支障が生じることです。

【ポイント】

　セクハラをしている人は，自分自身がセクハラをしていると認識していない傾向があります。部下は，直属の上司に相談することが多いので，きちんと事実を把握する目的で話を聴きましょう。「なぜ，一緒に食事に行ったのですか。」など，あまり考えずに発言をして部下との信頼関係を損なってしまうと，セクハラ案件がより一層深刻化します。事実を誠実に傾聴し，職場のルールに従って対応します。セクハラの相談を適切に対応しなかったり，被害者が相談したことにより不利益を受けるなどの二次被害を起こさないように対応することが必要です。

3　妊娠・出産，育児等に関するハラスメント

　職場における妊娠・出産・育児休業等に関するハラスメント（**マタニティハラスメント（マタハラ）**）とは，「職場」において行われる上司・同僚からの言動（妊娠・出産したこと，育児休業等の利用に関する言動）により，妊娠・出産した「女性労働者」や育児休業等を申出・取得した「男女労働者」の就業環境が害されることです。「職場における妊娠・出産・育児休業等に関するハラスメント」には，「制度等の利用への嫌がらせ型」と「状態への嫌がらせ型」があります。

①　制度等の利用への嫌がらせ型

　　制度または措置の利用に関する言動により就業環境が害されるものをいいます。例えば，妊婦検診のために休暇を取得しようとしたときに，却下されるなどのケースがあります。

② **状態への嫌がらせ型**

　女性労働者が妊娠したこと，出産したこと等に関する言動により就業環境が害されるものをいいます。例えば，社内の繁忙期に妊娠を報告したところ，「こんな忙しいときに妊娠するなんて・・・。」などと，不適切な発言をされるケースがあります。

【ポイント】

　最近では，女性は育休制度を取りやすくなりましたが，まだまだ男性が育休を取ることに理解を示してくれない職場もあるようです。

　上司が男性の育休取得に対して偏見があり，部下に対して「男のくせに育休を取るのは信じられない。他の家族で対応できないのか。」といった不適切な発言をするケース（パタニティハラスメント（パタハラ））もあります。「制度等の利用への嫌がらせ」をしないようしましょう。

　また，部下の意を汲まない一方的な通告は，ハラスメントになる可能性がありますので，部下に対しての表現方法には，十分な配慮が必要です。

第 8 章

部下からプライベートの相談を
受けたときの対応

　部下を職業人としてだけでなく，１人の人間として捉えなければ問題の
解決にならないことがあります。例えば，部下が家族の問題に悩み，まっ
たく仕事に手がつかない状況であれば，上司として介入せざるをえないこ
とがあります。また，国の施策として，育児，介護，病気などと仕事の両
立支援が推進されています。

　「ここまでが個人的なことで，ここからが仕事のことである。」という境
界線がむずかしくなっています。そこで，第８章では，部下本人，家族，
子供の問題に分けて，一緒に考えていきましょう。

8-1 部下本人が抱えている問題

1 借金をしている

　私が会社員をしていたときに，カードローンの借金がある同僚と仕事をしていた経験があります。カードローンの支払日が近づくと，そわそわして落ち着きがなくなりました。「様子が変だなぁ。」と思っていたら，社内の小口現金の１万円を私用に使い，給料日になると返すということを繰り返していたことが発覚し，厳重注意を受けました。当時のことを思い出すと，彼女は，膨らんだ借金のことで頭がいっぱいで，仕事に集中できずにミスが多かったように思います。借金問題は個人的なことですが，仕事にかなり影響が深いのではないでしょうか。

　部下から借金について相談されたときには，話をきちんと聞きましょう。本人が借金についての課題を解決したいのであれば，まずは借りた金額を調べる必要があります。複数の借入先があると，案外，自分が借りている借入先や借入金額（残金）のすべてを把握していない場合があります。そのような場合には，信用情報機関に依頼する方法があります。信用情報機関とは，金融商品の取引状況や返済履歴といった個人情報を登録・管理している機関です。個人信用情報機関は，３つありますので，紹介します。

① **一般社団法人全国銀行協会　全国銀行個人信用情報センター（KSC）**

　　加盟している金融機関からの借り入れなどの内容や支払状況などを確認できる制度です。登録情報の開示は，インターネットまたは郵送で受付を行っています。

② **株式会社シー・アイ・シー（CIC）**

　　主に，割賦販売や消費者ローンなどのクレジット事業を営む企業を会員とする信用情報機関です。登録情報の開示は，インターネットまたは郵送で受付を行っています。

③　株式会社日本信用情報機構（JICC）

　　主に，貸金業者が加盟しており，多くの消費者金融の審査に関わっています。登録情報の開示は，スマートフォンまたは郵送で受付を行っています。

　本人が自力で借金の返済ができればよいのですが，今後どうしたらよいのかがわからない場合は，弁護士などの専門家に相談することを勧めましょう。

2　パートナーからＤＶを受けている

　ＤＶとは，ドメスティック・バイオレンスの略であり，一般的には家庭内の暴力のことで，元夫婦や恋人からの暴力を含みます。

　私が以前に相談にのった案件では，パートナーから何十年にもわたってＤＶを受けていました。あるいは，子供が成人するまで**子供のために我慢**していたり，「本来の夫は，優しい人なので，自分に原因がある。」と思い込もうとしていて，ご自身が**ＤＶを受けている感覚が乏しい**方もいました。

　後者は，ＤＶの典型的な心理状況です。パートナーのＤＶは一定期間ごとのサイクルがあり，「ハネムーン期」は，暴力をふるっていたパートナーの態度が穏やかになり，「ＤＶが治った。」と勘違いするようです。パートナーの態度が優しくなり，今までの暴力に対して謝罪したとしても，時が経てばまた元のように暴力をふるわれる悪循環に陥ることがあります。ＤＶを受けると，身体だけでなく，精神的にも大きなダメージを受けます。

　また，本人がＤＶを受けていることに気づかないこともあります。上司のあなたが，部下の異変に気づいたら，「最近，様子がおかしいようだけど，どうしましたか。」と，積極的に声がけをしましょう。話を注意深く聴き，責めないことが大切です。部下の意思を尊重しながらしっかりと話を聴き，けがなどをしていないかも尋ねてみます。ここでのポイントは，部下本人の気持ちです。ＤＶによりけがをしたら，すぐに病院を受診し，診断書をもらっておくようにアドバイスします。医師には，ＤＶ被害者であることを伝えるように促しましょう。

部下がDV加害者と会いたくないという意思表示をしたならば，次のような選択肢が考えられます。

①　専門機関を活用する。

配偶者暴力相談支援センター，婦人相談所，支援団体などの専門機関に相談し，アドバイスをもらい，非難する準備をします。ＤＶ相談ナビ「#8008」（はれれば），ＤＶ相談プラス　0120-279-889（つなぐ・はやく）でも連絡を取ることができます。被害者の住所を知られないようにすることです。ＤＶ行為者から会社に電話があっても，居場所を教えないようにします。人事異動が可能であれば，転勤するなどの配慮もできるでしょう。

②　警察に通報する。

ＤＶを受けたときに普段から暴力を受けた記録を残しておき，警察に行くことを勧めます。可能であれば，録音や録画して暴力を受けた経緯を記録しておくとよいでしょう。また，家庭でＤＶを受けた場合には，子供や家族が目撃者となります。

③　ＤＶ防止法に基づく保護命令による保護措置を受ける。

ＤＶ防止法に基づく保護命令（接近禁止命令，退去命令）による保護措置を受けることができます。

接近禁止命令とは，裁判所が被害者の申立てに基づき，6か月間，配偶者である加害者に対して被害者やその同居する未成年の子につきまとうことや住居や職場などの近くを近づかないようにすることをいいます。

また，退去命令とは，裁判所が被害者の申立てに基づき，2か月間，配偶者である加害者に対し被害者と生活を共にする住居から退去させ，住居付近に近づかないことを命じることをいいます。

日本司法支援センター（法テラス）や弁護士などに相談しましょう。

3　離婚を考えている

「令和4年度 離婚に関する統計の概況」（厚生労働省）によると，令和2（2020）年は19万3,000組でした。全体の離婚数は，近年は減少傾向ですが，30代から

40代の現役世代の離婚は多い傾向にあります。離婚を考えている場合には，仕事のことだけでなく，子供の親権や，財産分与，これからの生活など多くのことを考慮する必要があります。

　部下は，将来のことよりも目先の怒りや不安などのさまざまな感情に振り回されがちですが，そんなときでも今後どうすべきかを冷静に考えることが必要であることを伝えましょう。

　知っておいたほうがよい知識や情報を，次に挙げてみました。

① 子供に関する事項

「親権」「養育費」「面会交流」などを決めます。

親　　権：子供の利益のために，監護・教育を行ったり，子の財産を管理したりする権限や義務です。親権は，財産管理権と身上監護権から成り立っています。両親が結婚しているときは，両者が共同して行いますが，離婚後は，どちらか一方が親権を行使します。

養 育 費：子供の成長するために必要な費用であり，両親がその経済力に応じて養育費を分担することになります。子どもと離れて暮らす親は，養育費の支払義務を負います。

面会交流：子供と離れて暮らすことになった親が，子供に会ったり，メールや手紙のやりとりをすることです。両親の間で面会交流について書面で取り決めます。面会交流の取り決めができない場合は，家庭裁判所にて家庭調停を申し立てることができます。

② 財産分与

離婚をした者の一方が他方に対して財産の分与を請求します。

③ 慰 謝 料

不貞や暴力など，夫婦の一方の有責行為のために離婚するようになったときは，慰謝料を請求することができます。ただし，有責行為については，双方の主張が食い違い争いになる場合があります。

④ 年 金 分 割

離婚した際に，婚姻期間中の保険料納付額に対応する厚生年金を分割して，それぞれ自分の年金とすることができる制度です。離婚すると自動的に分割されるものではなりませんので，年金事務所，街角の年金相談センターなどで相談するとよいでしょう。

また，次のような相談窓口があります。

① かいけつサポート

裁判によらずに話し合いにより解決を図る目的で民間事業者が行う紛争解決サービスであり，法務大臣の認証を受けているところです。

② 弁護士会や日本司法支援センター（法テラス）

自分での手続きが難しく，相手と会うことができない場合に相談にのってもらうとよいでしょう。

③ 母子家庭等就業・自立支援センター

ひとり親家庭の自立支援を図るため，就業支援策を着実かつ効果的に実施し，ひとり親家庭の雇用が促進するようにサポートするところです。

各センターでは，ひとり親家庭の親の自立支援を図るため，就業支援を着実かつ効果的に実施し，雇用促進がされるように就業のさまざまな次のような情報のサービスを行っています。また，弁護士などのアドバイスを受け，養育費の取り決めなどの相談にも対応しています。

○就業相談，就業紹介の実施，就業情報の提供
○就労準備に関するセミナーや資格等取得講習会の開催
○生活支援の実施・養育費相談の実施
○センター内においての職業訓練に参加するひとり親の子供の託児サービスを提供
○在宅での就業を希望するひとり親に対し，必要なノウハウなどを習得するための在宅就業コーディネーターによる支援を実施

○面会交流援助の実施

○心理カウンセラーなどの配置

さらに，ひとり親家庭の経済的支援も，次に紹介します。

① 児童扶養手当

　　離婚によるひとり親世帯など，父または母と生計を同じくしていない児童が育成される家庭の生活の安定と自立の促進に寄与するため支給される手当です。また，手当の額は所得や扶養家族などの数を勘案して決定され，年収において支給額が逓減されます。

② 母子父子寡婦福祉資金貸付金制度

　　母子及び父子及び寡婦福祉法の規定に基づき，子供進学，生活資金，親の就業などの貸付を行う制度です。

　これらは，現実的に離婚を考えている際に考慮すべきことですが，離婚では精神的に不安定になるケースがよく見られます。じっくりと話を傾聴してあげることだけでも，ストレスや不安感の軽減につながるでしょう。内容によっては，必要に応じて相談窓口や経済的支援などの情報提供をしてあげましょう。

4　部下が病気になった

　部下が病気になったときは，「これからも働き続けられるだろうか。」「経済的なことが心配になってしまう。」「家族にも迷惑かけてしまうのではないか。」など，複雑な感情が湧き出してきます。

　まずは，部下と面談をします。そして，会社の制度として，病気休暇はあるのか，時間有給はあるのか，休職はあるのかなどを就業規則などで確認します。

　次に，主治医や産業医などの意見を聞きながら職場の環境を調整します。例えば，リハビリ出勤（試し出勤），就労時間の短縮などです。さらに傷病手当金などの社会的資源を活用します。詳しくは，「6-7　部下から病気の告知をされたときの対応」（116〜118ページ）を参考にしてください。

　治療と仕事の両立について，労働者や事業者が利用できる主な支援制度およ

び支援機関は，次のとおりです。随時，情報提供してあげるとよいでしょう。

1　労働者が利用できる支援制度・機関

（1）利用可能な支援制度

類型	制度		概要（両立支援と関連する部分）
医療費	高額療養費制度	申請窓口	公的医療保険の担当窓口
		支援対象者	公的医療保険の被保険者・被扶養者
		支援内容	同一月に支払った医療費の自己負担額が一定金額（自己負担限度額）を超えた場合に、超過分が後で払い戻される制度。自己負担限度額は被保険者の年齢・所得状況により設定されている。診療月から払い戻しまでは通常、3か月以上かかる。
	限度額適用認定証	申請窓口	公的医療保険の担当窓口
		支援対象者	公的医療保険の被保険者・被扶養者
		支援内容	事前に発行された本認定証を医療機関等に提示することで、高額療養費制度を利用する場合に、1か月間の窓口での支払いが自己負担限度額以内に抑えられる。
	高額療養費貸付制度	申請窓口	公的医療保険の担当窓口
		支援対象者	公的医療保険の被保険者・被扶養者
		支援内容	同一月に支払った医療費の自己負担額が自己負担限度額を超えた場合に、当座の支払いに充てる資金として、高額療養費支給見込額の8割相当の貸付を無利子で受けられる。
	高額医療・高額介護合算療養費制度	申請窓口	公的医療保険の担当窓口
		支援対象者	公的医療保険の被保険者・被扶養者で1年間に医療保険・介護保険の両方で自己負担があった者
		支援内容	医療保険・介護保険の自己負担額の合算が基準額を超えた場合、超過分の払い戻しを受けられる。

医療費			
	確定申告に よる医療費 控除	申請窓口	所轄税務署の担当窓口
		支援対象者	確定申告を行った納税者
		支援内容	同一年に自身や生計を一にする配偶者・その他親族のために支払った医療費のうち、一定金額分の所得控除を受けられる。
	指定難病・ 小児慢性 特定疾病の 患者に対する 医療費 助成制度	申請窓口	地方公共団体の担当窓口 （難病：都道府県、指定都市） （小児慢性特定疾病：都道府県、指定都市、中核市等）
		支援対象者	国が指定した難病（小児慢性特定疾患）の患者のうち一定の基準を満たす者
		支援内容	自己負担割合を軽減し、また毎月一定金額（負担上限月額）を超えた分の医療費について助成を受けられる。
	肝炎患者 （B型・C型） に対する 医療費の支援	申請窓口	居住する都道府県の担当窓口
		支援対象者	B型・C型ウイルス性肝炎患者
		支援内容	核酸アナログ製剤治療やインターフェロンフリー治療等による肝炎の医療費や肝がん・重度肝硬変の入院及び肝がんの分子標的薬に係る通院医療費（助成月を含め過去1年で既に3月以上入院又は通院している場合）について、同一月に支払った医療費の自己負担額が一定金額を超えた場合、医療費の助成を受けられる。その他、初回精密検査費や定期検査費（年2回まで）の助成を受けられる。
	自立支援 医療制度	申請窓口	居住する市区町村の担当窓口
		支援対象者	身体に障害を有する者（18歳以上の場合は、身体障害者手帳が必要）・精神疾患のために継続的な通院による医療を必要とする者
		支援内容	心身の障害の軽減のための医療について、自立支援医療受給者証を指定自立支援医療機関に提示することにより、所得等に応じて、自己負担額の軽減措置が受けられる。

生活支援		申請窓口	協会けんぽ、健康保険組合担当窓口
		支援対象者	協会けんぽ、健康保険組合の被保険者で，傷病のために会社を休み、事業主から十分な報酬を得られない者（ただし任意継続の被保険者は対象外）
	傷病手当金	支援内容	以下の4条件すべてに該当した場合に、支給開始日から通算して1年6か月に達する間、1日当たり被保険者の標準報酬月額の30分の1の3分の2相当額の支払いを受けられる。 (1) 業務外の事由による傷病の療養のための休業である。 (2) 就業が不可能である。 (3) 連続する3日間を含み4日以上就業できなかった。 (4) 休業期間について給与等の支払いがない（支払額が傷病手当金の額より少ない場合は差額の支給を受けられる。）。
	生活福祉資金貸付制度	申請窓口	居住する市区町村の社会福祉協議会
		支援対象者	(1) 必要な資金を他から借り受けることが困難な世帯（市町村民税非課税程度）。（低所得者世帯） (2) 身体障害者手帳、療育手帳、精神障害者保健福祉手帳の交付を受けた者、その他現に障害者総合支援法によるサービスを利用している等これと同程度と認められる者の属する世帯。（障害者世帯） (3) 65歳以上の高齢者の属する世帯。（高齢者世帯）
		支援内容	無利子または低金利で、生活再建に必要な生活費等の貸付を受けられる。

生活支援	介護保険制度	申請窓口	住所のある市区町村の介護保険担当窓口
		支援対象者	要介護認定等を受けた者
		支援内容	要介護認定等を受けた者の必要に応じて、所得の状況により1割～3割の自己負担により、介護サービスを受けることができる（40～64歳の第2号被保険者は1割)。
	障害年金	申請窓口	年金事務所 障害基礎年金は、住所のある市区町村の国民年金担当窓口でも申請できる。
		支援対象者	国民年金若しくは厚生年金保険の被保険者期間若しくは60歳から65歳までの間に障害の原因となった傷病の初診日があり一定の保険料納付済期間等を有する者又は20歳未満に初診日がある者であって、障害等級1級又は2級（厚生年金保険の被保険者等は1級、2級、3級若しくは障害手当金のいずれか）に該当する者
		支援内容	国民年金に加入中等に初診日がある場合は、障害基礎年金を受給できる。厚生年金保険に加入中に初診日がある場合は、障害厚生年金又は障害手当金（一時金）を受給できる（1級又は2級の場合は、障害基礎年金も併せて受給できる)。
	身体障害者手帳	申請窓口	居住する市区町村の障害福祉担当窓口
		支援対象者	身体障害者福祉法別表に定める障害の状態にあると認められた者
		支援内容	各自治体が認定基準に該当すると認めた場合に、手帳が交付される。手帳が交付されると、障害の程度に応じて障害福祉サービス等が受けられるほか、公共料金、交通機関の旅客運賃、公共施設の利用料金の割引、各種税の減免等のサービスを受けることができる。

生活支援	精神障害者保健福祉手帳	申請窓口	居住する市区町村の障害福祉担当窓口
		支援対象者	精神保健福祉法施行令に定める1級〜3級の精神障害の状態にあると認められた者
		支援内容	各自治体が認定基準に該当すると認めた場合に、手帳が交付される。手帳が交付されると、公共施設の利用料金の割引等のサービスを受けることができる。
	障害福祉サービス	申請窓口	居住する市区町村の障害福祉担当窓口
		支援対象者	身体障害者、知的障害者、精神障害者又は難病等対象者
		支援内容	障害支援区分等に応じて、介護や訓練等の支援を受けられる。費用の自己負担は世帯の負担能力に応じた額となる。

（2）利用可能な支援機関

類型	名称	概要（両立支援と関連する部分）
医療機関	がん診療連携拠点病院	がん医療の均てん化等を目的に整備が進められてきた病院であり、院内に設置されているがん相談支援センターでは、就労に関する相談支援を行っている。必要に応じて、産業保健総合支援センターやハローワーク等と連携し、相談への対応を行う。
	肝疾患診療連携拠点病院	肝炎患者等が、居住地域にかかわらず適切な肝炎医療を受けられるよう、地域の特性に応じた肝疾患診療体制を構築するため整備が進められてきた病院であり、肝疾患に係る一般的な医療情報の提供や医療従事者や地域住民を対象とした研修会・講演会の開催や肝疾患に関する相談支援等を行う。 院内に設置されている肝疾患相談支援センターでは、相談員（医師、看護師等）が患者及び家族等からの相談等に対応するほか、肝炎に関する情報の収集等を行っている。また、保健師や栄養士を配置し、食事や運動等の日常生活に関する生活指導や情報提供を行う。
	難病診療連携拠点病院	難病の患者がどこに暮らしていても、疾病の特性に応じて早期の診断がつき、適切な治療が受けられるようにするために整備された病院であり、難病相談支援センターと連携しながら難病患者への支援を行う。
	労災病院、吉備高原医療リハビリテーションセンター、総合せき損センター、北海道せき損センター	労災病院、吉備高原医療リハビリテーションセンター、総合せき損センター、北海道せき損センター及び労災病院併設の治療就労両立支援センターでは、がん、糖尿病、脳卒中（リハ）、メンタルヘルス等全ての疾病について、休業からの職場復帰や治療と仕事の両立支援を実施している。
	労災病院の治療就労両立支援センター	労災病院併設の治療就労両立支援センターでは、治療と仕事の両立支援を実施するとともに、事例を集積し、両立支援マニュアルの作成・普及を行っている。

就業支援	ハローワーク	ハローワークとがん診療連携拠点病院等が連携してがん患者等に対する就労支援を行う事業を実施している。 がん診療連携拠点病院等の看護師やソーシャルワーカーとハローワークが連携し、病状や通院頻度など、就労に当たって配慮が必要な点等を把握した上で、企業に対して求める人材を紹介しているほか、事業主向けのセミナー等も開催している。 ▶厚生労働省ウェブサイト（長期療養者就職支援事業） (https://www.mhlw.go.jp/stf/seisakunitsuite/bunya/0000065173.html) さらに、ハローワークに「難病患者就職サポーター」を配置し、難病相談支援センターをはじめとした地域の関係機関と連携しながら、個々の難病患者の希望や特性、配慮事項等を踏まえたきめ細かな職業相談・職業紹介及び定着支援等総合的な支援を実施している。 ▶厚生労働省ウェブサイト（難病患者の就労支援） (https://www.mhlw.go.jp/stf/seisakunitsuite/bunya/koyou_roudou/koyou/shougaishakoyou/06e.html)
	難病相談支援センター	難病の患者が地域で安心して療養しながら暮らしを続けていくことができるよう、難病の患者等に対する相談・支援、地域交流活動の促進及び就労支援等を行う拠点施設であり、難病診療連携拠点病院等、ハローワーク等の就労支援機関などと連携しながら難病患者への支援を行っている。
	精神保健福祉センター・保健所	精神保健福祉に関する相談指導、知識の普及等を行っているほか、アルコール、薬物、ギャンブル等の依存症に関する相談指導、心の健康づくり等の事業を実施している。

2 事業者が利用できる支援制度・支援機関

（1）利用可能な支援制度

制度	概要（両立支援と関連する部分）
団体経由 産業保健活動 推進助成金	【申請窓口】独立行政法人労働者健康安全機構 （https://www.johas.go.jp/sangyouhoken/tabid/1251/Default.aspx） 事業主団体等や労働保険の特別加入団体が、傘下の中小企業等に対して、治療と仕事の両立支援を含めた産業保健サービスを提供する費用の一部を助成する。 （活動費用の4／5。上限100万円。）
キャリアアップ 助成金（障害者 正社員化コース）	【申請窓口】都道府県労働局 障害のある有期雇用労働者等を正規雇用労働者等へ転換する事業主に対して助成する。
障害者介助等 助成金	【申請窓口】独立行政法人高齢・障害・求職者雇用支援機構 都道府県支部高齢・障害者業務課（東京・大阪は高齢・障害者窓口サービス課） 障害者の職場定着、職場復帰を図るため、必要な介助者の配置などの特別な措置を行う事業主に対して助成する。
職場適応 援助者助成金	【申請窓口】独立行政法人　高齢・障害・求職者雇用支援機構 都道府県支部高齢・障害者業務課（東京・大阪は高齢・障害者窓口サービス課） 自社で雇用する障害者に対して、企業在籍型職場適応援助者を配置して、職場適応援助を行わせる場合に助成を行う。

（2）利用可能な支援機関

機関	概要
産業保健総合支援センター	都道府県の産業保健総合支援センター（さんぽセンター）において、治療と仕事の両立支援のための専門の相談員を配置し、以下のような支援を行っている。 ・事業者等に対する啓発セミナー ・産業医、産業保健スタッフ、人事労務担当者等に対する専門的研修 ・関係者からの相談対応 ・両立支援に取り組む事業場への個別訪問指導 ・患者（労働者）と事業者の間の調整支援等
ハローワーク	事業内容については、1（2）をご参照下さい。 ※詳細は下記URLをご参照下さい。 ▶厚生労働省ウェブサイト（長期療養者就職支援事業） (https://www.mhlw.go.jp/stf/seisakunitsuite/bunya/0000065173.html) ▶厚生労働省ウェブサイト（難病患者の就労支援 事業主の方へ） (https://www.mhlw.go.jp/stf/seisakunitsuite/bunya/0000146556.html)
障害者就業・生活支援センター	障害者の職業生活における自立を図るため、雇用、保健、福祉、教育等の関係機関との連携の下、障害者の身近な地域において就業面及び生活面における一体的な支援を行っている。 ※詳細は下記URLをご参照ください。 ▶厚生労働省ウェブサイト（障害者就業・生活支援センターについて） (https://www.mhlw.go.jp/stf/newpage_18012.html)
地域障害者職業センター	独立行政法人高齢・障害・求職者雇用支援機構により各都道府県に1か所（そのほか支所5か所）設置・運営されている地域障害者職業センターでは、専門職の「障害者職業カウンセラー」を配置し、障害者一人ひとりのニーズに応じて、職業評価、職業指導、職業準備訓練及び職場適応援助等の各種の職業リハビリテーションを実施するとともに、事業主に対して、雇用管理に関する専門的な助言その他の支援を実施している。加えて、地域の関係機関に対して、職業リハビリテーションに関する助言・援助等を実施している。 ※詳細は下記URLをご参照下さい。 ▶独立行政法人高齢・障害・求職者雇用支援機構ウェブサイト（地域障害者職業センター） (https://www.jeed.go.jp/location/chiiki/index.html)

難病相談 支援センター	難病の患者が地域で安心して療養しながら暮らしを続けていくことができるよう、難病の患者等に対する相談・支援、地域交流活動の促進及び就労支援等を行う拠点施設であり、難病診療連携拠点病院等、ハローワーク等の就労支援機関などと連携しながら難病患者への支援を行っている。 さらに、以下のような取組を行っています。 ・関係者からの相談対応 ・患者（労働者）と事業者の間の調整支援等 ・難病に理解のある企業を積極的に周知する取組やイベント ・企業等を対象にした難病に対する理解を深める取組

(出典) 厚生労働省：「事業場における治療と仕事の両立支援のためのガイドライン」

8-2　部下の家族に関する問題

1　親の介護が必要になった

　介護人口は，年々増加しています。女性の部下だけではなく男性の部下も，仕事と介護の両立に悩んでおられる方は多いのではないでしょうか。部下から，「親の介護で，仕事との両立はできるだろうか。」と相談されたなら，しっかりと話を聞きましょう。介護に関しては，地域包括支援センターまたは自治体の高齢者関連の窓口で相談することや，地域での支援事業には何があるのかを調べるように部下に促します。

　管理職が対応すべきことについて，厚生労働省は「従業員から介護に関する相談を受けた際に対応すべきこと 〜介護による離職を防止するために〜」において，次にように記しています。

---

① 「相談窓口」での両立課題の共有
　□「従業員の仕事と介護の両立を支援する」という企業姿勢を伝える
　□従業員が直面している介護の実態を可能な範囲で把握する

□従業員が仕事と介護の両立に対してどのような課題を抱えているかを把握する

□従業員がどのような働き方を望んでいるかを把握する

② 企業の「仕事と介護の両立支援制度」の手続き等の周知

□介護休業，介護休暇など，育児・介護休業法で定められている各種両立支援制度を説明する

□法定の制度に加え，自社が独自に定めている両立支援制度を説明する

□両立支援制度を利用する場合の具体的な申請方法と申請のタイミングを説明する

□介護休業を取得した場合の会社のフォロー体制（定期的な面談の実施など）を説明する

③ 働き方の調整

□仕事と介護の両立に向けて，働き方や業務量の調整が必要かどうかを確認する

□働き方を調整する際に利用できる自社の制度（フレックスタイム制度や在宅勤務制度など）を紹介する

□上司と本人との面談機会を設ける（必要な場合は，人事部などの担当者も同席する）

④ 職場内の理解の醸成

□職場の同僚などに対して，仕事と介護の両立に向けた働き方の調整を行っていることを伝えるよう促す

□仕事と介護の両立に向けて周囲の理解やサポートを得るためには，上司からの働きかけも重要であることを伝える

□【本人の直属の上司に対して】「介護はすべての人に起こり得るものである」ということへの理解と，「お互いさま意識」を職場に浸透させることの重要性を伝える

□【本人の直属の上司に対して】上司が職場全体に対して「両立のための働き方を支援している」姿を見せることの重要性を伝える

⑤ 上司や人事による継続的な心身の状態の確認

□継続的に面談や声掛けを実施し，状況を確認する

□従業員が，自身のための時間を確保できているかを確認する

⑥　社内外のネットワークづくり
□自社内で，仕事と介護の両立をしようとしている従業員同士が知り合える機会を設ける
□介護中の人同士が知り合える社外のネットワークを紹介する

このようなことを踏まえてまずポイントとなるのは，普段から部下が相談しやすい雰囲気を作ることです。次に，制度の説明・運用や手続きの際には，総務・人事の担当者としっかり連携を取ります。詳しくは，**第7章**を参考にしてください。

職場のメンバーの協力を得ながら，仕事と介護の両立をどれだけ調整できるのかが肝要です。

2　家族が借金をした

部下にとって，家族の借金が発覚したら，驚きとともに，不安，心配や憤りなどの感情が湧き出てくることでしょう。部下から相談を受けた場合は，冷静に対応することを伝え，次のようなプロセスを提示してはいかがでしょうか。

まずは，借入先を明らかにします。そこで，「どこから借りているか（消費者金融なのか，銀行なのか，闇金からなのか）。」を特定します。

次に，債務の総額を調べます。「どれくらいの期間借りているのか。」「連帯保証人や担保が設定されているか。」「返済ができる金額かどうか。」「完済が可能か，あるいは債務整理をするのか。」などを家族に確認し，必要に応じて弁護士などの専門家に相談します。債務整理とは，債権者に交渉し，借金総額の減額や返済方法の決め直しを依頼することをいいます。

基本的には，家族がした借金を部下自身が払う義務はないのですが，連帯保証人・相続などで「自分の債務」として支払う義務がある可能性もありますので，確認しましょう。

また，家族の借金問題で根が深いものに，パチンコ，スロット，競馬，競輪などのギャンブルにのめりこみ，日常生活に支障をきたすギャンブル依存症に

かかっていることがあります。依存症は，やめたくてもやめられない状態です。依存症は「否認の病気」ともいわれ，自分で問題を認めたくないというケースが多いです。

　依存症で困ったときの相談機関として，保健所，精神保健福祉センター，依存症相談拠点機関，自助グループ・回復施設，家族会・家族の自助グループがありますので，活用するように促しましょう。ギャンブル依存症者のための会である**ギャンブラーズ・アノニマス（ＧＡ）**は有名です。

3　家族が病気をした

　家族が病気になると，誰しも心配で大変な思いをします。特に，部下が親と同居している場合には，「今後，どうしたらよいのか。」と途方に暮れることでしょう。

　家族の会社において治療と仕事の両立支援の制度があるのかなどを，就業規則で確認してもらいましょう。健康保険に加入していれば所得保障としての傷病手当金の対象となることもあり，障害が残れば障害年金の対象になり得ますので，家族の会社の担当者と本人が連絡を取るようにしましょう。もし，精神疾患にかかり，あるいは病気が重すぎて連絡が取れない場合は，本人の同意を得て，家族である部下が代わって連絡を取ることも考えられます。

　長期の病気になったときは，介護の心配が出てきます。その場合は，「6-11 親の介護と仕事の両立で悩む部下への対応」（123〜125ページ）を参考にしてください。

　また，部下の負担が増え，精神的に苦しくなることもありますので，話を傾聴するなどの配慮をしましょう。

4　家族が亡くなった

　部下の家族が亡くなると，まず会社に連絡をしてもらいます。部下と連絡が取れ次第，参列，弔電，香典，訃報の周知などについて，部下の希望を確認します。

葬儀のときは，忌引き休暇を使うことが一般的ですが，会社により制度が異なりますので，就業規則などを確認します。

　人が亡くなったら，まずは医師から死亡診断書をもらいます。次に，死亡診断書を受け取り，ご遺体を安置場所へ搬送後に，死亡届と埋火葬許可申請の提出をします。

　その後は葬儀となりますが，葬儀社さんなどに依頼される場合が多いと思いますので，詳細は省略します。

　葬儀後は，家族の居住していた市区町村，全国健康保険協会，年金事務所などにおいて，年金や健康保険をはじめ各種必要な手続きを行います。遺族年金などの対象になれば，申請をします。遺族年金には，「遺族基礎年金」「遺族厚生年金」などがあり，亡くなった方の年金の加入状況などによって，いずれかまたは両方の年金が支給されます。ご家族が遠方にお住まいの場合は，手続きの都度に時間がかかりますので，職場内で仕事の調整を行い，遺族が休みやすい環境を作ります。

　また，ライフイベントとストレス，疾病の発症について研究したHolmes & Rahe（ホームズとレイ）の**社会的再適応評価尺度**（1967）によると，配偶者や家族の死によるストレス指数は高くなっています。家族が亡くなった部下の気持ちを傾聴します。自分の価値観を押し付けることや，アドバイスや意見は逆効果となりますので，ご留意ください。

5　子供が独立して家を出る

　ある自治体の相談員をしていた頃のことです。子供が独立して家を出るときに，虚無感や喪失感にさいなまれている40代から50代の相談者が多くおられました。このような状態を「空の巣症候群」といいます。更年期障害の時期とも重なり，症状が重いときは，うつ病などを発症してしまうこともありますので，身体の調子が悪い場合は，病院の受診勧奨を行います。

　予防策としては，子供が独立しても，やりがいや趣味を持ち，仕事に打ち込むことがよいでしょう。パートナーと子供の独立後のライフスタイルを話し合

うことも大切です。そのことにより，心身の安定を得ることもあるでしょう。

8-3 部下の子供に関する問題

1 部下が育休を取得する

部下が育休に入る前には，育休に関する規程，育児休業給付，休業期間中の連絡事項などを説明し，今後の部下の意向を聴きます。

育休中には，部下との連絡をまったく取らない職場もありますが，部下からすれば自分の居場所がなくなったように感じられ，社会から疎外されると感じる方も多いようです。上司が職場での近況を部下に伝えることで，職場復帰に対して不安材料が減少するものです。

復職時は，短時間勤務制度を利用するかどうかなどの働き方に伴う確認が必要です。育休に入る前後では，子育てに関する価値観が変わった人も見受けます。

部下が，育休に入る前と，育休中，復帰後では状況は変わっていることもありますので，メールや電話，対話をしながら，状況を確認し，コミュニケーションを図りましょう。

2 急に子供を預ける必要がある

普段は保育園などに預かってもらっていても，急に子供が発熱したときなどは，緊急に預け先を確保する必要があることがあります。近くの両親に預けることができればよいのですが，身近に頼れる人がいないなどの場合は，次のような預け先が考えられることを伝えます。

① ファミリー・サポート

育児や家事の援助を受けたい人と援助を行いたい人が会員登録し，地域で相互援助する組織です。

② **病児保育**

　　病気の子どもを一時的に預かって保育する事業のことです。病院，診療所，保育所に併設されていることが多いです。

③ **一時預かり**

　　子どもを一時的に預かってくれるサービス全般のことです。家庭的な環境で，少人数で保育をします。

④ **短期入所生活援助（ショートステイ）**

　　児童を養育している家庭の保護者が疾病，疲労その他の身体上もしくは精神上の理由により家庭において児童を養育することが一時的に困難となった場合に，実施施設において児童を一時的に養育・保護する事業のことです。

⑤ **夜間養護（トワイライトステイ）**

　　児童を養育している家庭の保護者が，仕事その他の理由により平日の夜間に不在となり，家庭において児童を養育することが困難となった場合，その他緊急の必要がある場合に，その児童を実施施設において保護し，生活指導，食事の提供などを行う事業です。

⑥ **ベビーシッター**

　　親が外出などをしているときに，子供の面倒をみてくれる人のことです。保育士などとは別のものであり，民間の事業者が運営しています。

⑦ **ベビーホテル**

　　宿泊を伴う原則一時預かりの認可外保育園のことです。

　緊急時に子供を預けようと思っても，なかなか預けることができないものです。このような施設や事業を活用するには，あらかじめ調べておいて，登録などを行っておきましょう。

3　仕事と育児の両立に悩んでいる

　子育て中の部下のなかには，「早退するたびに，職場のメンバーに対して申し訳ない気持ちになってしまう。」「スピードが必要とされている職場なのに，

ついていけずに焦ってしまう。」「人事異動で職場が変わったら，保育園のお迎えには間に合うだろうか。」などの仕事上の悩みがあります。

一方，家庭の悩みとして，「子供のことに対して家計の支出が多くなり不安になってしまう。」「私は頑張っているのに，パートナーや家族が理解してくれない。」などがあるでしょう。

仕事と育児の両立するため課題を解決していくためには，部下に対して次の3つの視点で考えてみてはいかがでしょうか。

① 視野を広げ，助けてくれる人やシステムを探すための問いかける。

　同じように仕事と育児を両立されていても，人によって転機をどう捉えるかにより取り組み方が異なっています。ネガティブ思考な部下は，視野が狭くなり，短期的に物事を捉えがちです。

　よって，「子育てが自分の人生においてプラスの意味はないのか。」「人生にとってこの転機はどういう意味があるのか。」「自分が必要とする支援をしてくれる家族や同僚などはいるのか。」「精神的な支えや応援してくれる人がいるのか。」「仕事と子育てを両立するために考えられる方法をできるだけ検討したか。」など視野を広げ，助けてくれる資源を探すための問いかけることは有効です。

② 職場のメンバーに感謝の気持ちを伝えるようにアドバイスする。

　仕事と育児の両立を上手くやっている部下は，職場のメンバーに対して普段から感謝の気持ちを伝えています。子供が病気になり，業務を代わってもらったり，助けてもらうことも多いでしょう。

　そのときに，「ありがとうございます。」と伝えていますか。時間の余裕があるときに，職場のメンバーがあまりやらない仕事，例えば，整理整頓や掃除などを代わりに行うことで感謝の気持ちを表すのもよいでしょう。

③ 時間の優先順位を考えてもらう。

　1日は24時間であり，限られています。子育て中の部下は，時間がないと焦っていることも多いのではないでしょうか。

　そこで，時間を4つの領域に分けます。

第1領域……重要かつ緊急の領域であり，例えば，泣いた子供への対処，締切直前の仕事をするなど，一番に優先します。

第2領域……重要だが緊急ではない領域であり，例えば，将来に向けての資格取得，日常の運動など，意識しないと後回しにしがちです。

第3領域……緊急だが重要ではない領域であり，急な電話，無意味な付き合いなど，本当に必要なのかどうか見直しが必要です。

第4領域……重要でも緊急でもない領域であり，ネットサーフィン，友人と長電話など，無駄な時間です。

　まず，1日にやったことを1つの出来事につき付箋1枚で書き出します。書き出した出来事を4つの領域のうち，どれに当たるのかをコピー用紙などに貼ってみましょう。そうすると，時間の見直しができます。ポイントは，他者の判断ではなく，自分が何を重要に思うのかをきちんと見直すことで，自分が生きていくうちに大切にしている価値観を知ることに繋がります。

付箋活用法の事例

第1領域	第2領域
・泣いた子供への対処 ・締切直前の仕事	・将来に向けての資格取得 ・日常の運動
第3領域	第4領域
・急な電話 ・無意味な付き合い	・ネットサーフィン ・友人と長電話

4　子供が不登校になった

　文部科学省は，不登校の定義について「何らかの心理的，情緒的，身体的あるいは社会的要因・背景により，登校しないあるいはしたくともできない状況にあるために年間30日以上欠席した者のうち，病気や経済的な理由による者を除いたもの」と定義しています。

　不登校は，いじめを受けたり，集団生活が苦手であったりと原因は単純なも

のばかりではなく，実にさまざまなケースがあります。

　また，起立性調節障害という立ちくらみやめまい，倦怠感，動悸，頭痛，腹痛などの症状を伴う場合もあります。原因がわかりにくいため，子供に対して「怠けている」と思っている親も多いようですが，このような症状がある場合は，病院に連れて行く必要があります。

　子供が不登校になった場合や不登校の傾向が見られる場合は，在籍校と十分に連絡を取ります。教育委員会では，「教育センター」や「教育相談所」などで，児童生徒等に関する教育相談を行うための相談窓口を設けています。

　不登校に関する支援などを行うために教育委員会が設置している「教育支援センター（適応指導教室）」では，不登校に関する相談活動を行うと同時に，不登校児童生徒に対するカウンセリング，教科指導，体験活動などを行っています。また，児童相談所，保健所，精神保健福祉センターなどにおいても，相談活動を行っています。

　職場としては，部下の話を傾聴したり，関係機関の情報を提供することはできます。特別なことができるわけではありませんが，頼りになる上司がいるということだけで部下は心強く感じるでしょう。

【著者略歴】

山田真由子（やまだまゆこ）

山田真由子社会保険労務士事務所代表。
誰もが輝く職場づくりをサポートする専門家。
特定社会保険労務士，公認心理師，キャリアコンサルタント。
26歳のときに3度目の受験で社会保険労務士に合格。さまざまな業種にわたり，約15年のOL生活を経て，2006年12月に開業。OL時代に組織が1日にして崩壊してしまう現実を目のあたりにして「強い組織を作るにはどうしたらよいのか？」を考え，試行錯誤する日々が続く。現在は「誰もが輝く職場づくりをサポートする。」ことを事務所のミッションとしている。人事労務に携わった経験は27年。経営者や総務部担当者に対して人事労務の相談を行ったのは，22年にわたる。これまでのセミナー回数1,500回以上，相談件数は延べ10,000件以上を担当。テレビ，ラジオ，新聞，雑誌などの取材も多数ある。著書に『外国人労働者の雇い方完全マニュアル』（シーアンドアール研究所刊），『会社で泣き寝入りしないハラスメント防衛マニュアル　部長，それってパワハラですよ』（徳間書店刊）がある。

山田真由子　ホームページ
https://officestarcompass.com

山田真由子　公式メールマガジンの無料登録
https://www.reservestock.jp/subscribe/221393

すぐに使える！
はじめて上司の対応ツール

2023年10月15日　初版発行

著　者　山田真由子

発行者　大坪克行

発行所　株式会社税務経理協会
　　　　〒161-0033東京都新宿区下落合1丁目1番3号
　　　　http://www.zeikei.co.jp
　　　　03-6304-0505

印　刷　光栄印刷株式会社

製　本　牧製本印刷株式会社

本書についての
ご意見・ご感想はコチラ

http://www.zeikei.co.jp/contact/

ISBN 978-4-419-06956-8　C3032